Tu t'appelais

あなたの名はマリア・シュナイダー

「悲劇の女優」の素顔

Maria Schneider

ヴァネッサ・シュナイダー
星加久実 訳

早川書房

あなたの名はマリア・シュナイダー

――「悲劇の女優」の素顔

TU T'APPELAIS MARIA SCHNEIDER
by
Vanessa Schneider

Translated by
Kumi Hoshika
First published 2021 in Japan by
Hayakawa Publishing, Inc.
This book is published in Japan by
direct arrangement with
Les Éditions Grasset & Fasquelle.

装幀／名久井直子
Photo ／© Silver Screen Collection / Getty Images

「素晴らしい人生だった」まるで弱々しい指でビロードの布をなでるように、あなたは優しい笑みを浮かべてそう言った。そのまなざしは幸せな思い出に向けられていた。亡くなる数日前のことだ。私たちを喜ばせるために言ったのではないだろう。あなたはそういうタイプではないからだ。ましてや自分を納得させるためでもなく、あなたは心からそう感じているように見えた。私は、この言葉の意味がすぐには理解できなかった。まるで高尚な曲の途中でまったく違う音がけたたましく鳴り響いたかのようだった。私はずっとあなたに同情し、あなたのことを心配し、あなたの悲運、そして私たちの悲運を嘆いてきた。でも、あなたは「素晴らしい人生だった」と信じていた。そんなふうに物事を見られるのは、なんと素敵なことだろう。

　マリア、あなたは五八歳でこの世を去った。死には早すぎる年齢だけれど、正直に言って誰もそこまで長生きするとは思っていなかった。あなたは、訃報を耳にした人々から、ずいぶん前に消えた遠い過去の人では？　と思われてしまうような人物だった。二〇一一年二月の初め、メディアに取り上げられたことで、忘れていた人々の記憶にあなたの存在が呼び起こされた。インターネットや新聞にその名前が戻ってきたのだ。数時間、もしくはほんの数日のあいだ、あなたは表舞台に帰ってきた。でも、どれも似たような記事ばかりで、「映画界の失われた子供」「悲劇の生涯」「魔性の女優」といったありきたりな表現や無神経な決まり文句が並び、ほとんど大したことは書かれていなかった。断たれたキャリア、『ラストタンゴ・イン・パリ』、セックス、ドラッグ、無情な映画界、荒んだ七〇年代について語られていても、あなたがシャンパンを飲みながら息を引き取ったことには誰も触れていない。そう、あなたも私もシャンパンが大好きだった。子供時代の苦しみを忘れさせ、繊細すぎた魂に秘められた傷を喜びで覆ってくれる。あなたはそんなシャンパンの泡に包まれながら、大きな声で笑い、優しい表情で、きらめくような笑みを浮かべたまま、この世を去った。最期まで気丈にふるまい、誇らしげに、少し酔ったまま。そして堂々と。

最前列にはアラン・ドロンがいた。彼がいつ最後にあなたと会ったのかはわからない。その髪は豊かで真っ白く、これまで見たことがないほど眉をひそめて親族席に座っていた。パリはあなたにとって、何度も離れようとしたものの結局は戻ってきてしまう街だった。葬儀は、そのパリの中心にあって芸術家や映画俳優たちに愛されてきたサン゠ロック教会で行ない、主にバッハの曲を流して自分が会いたい人にだけ来てもらう。それがあなたの希望だった。生前のあなたは、時とともに信心深くなり、幼いころの宗教的な行ないを復活させ、絶えず教会でロウソクを灯したり、祈りを捧げたりしていた。占星術や星のめぐりからわかる性格について話している最中に、いきなり宗教について語りだすこともあった。さまざまな迷信がちぐはぐに入り混じっていてもまったくおかまいなしだった。

サン゠ロック教会で葬儀が行なわれた日、土砂降りの雨が鐘楼の上を流れ落ちていた。私はアラン・ドロンの後ろにいた。彼は、どうしても最初に弔辞を述べ、出席できなかったブリジット・バルドーの手紙を代読したいと言った。バルドーの言葉を読み上げる低い声を聞いていると、あなたを映画界に導いたアラン・ドロンとブリジット・バルドーが一体となって語っているかのように思えた。冷たい石の丸天井の下には多くの人が訪れている。遺族、あまりにもたくさんの友人、元文化大臣の姿も一人か二人あった。あなたに別れを告げに来た見知らぬ人たち、ジェラン家の人々、ペール＝ラシェーズ墓地での火葬のときにも見かけた異母兄弟たち、雑誌でしか目にしたことのない人々……。七〇年代に活躍したにもかかわらず、いまやなかなか名前を思い出してもらえない人や、あなたのようにその時代を経験したドミニク・サンダや、『エマニエル夫人』に出演していたクリスティーヌ・ボワッソンなども列席していた。あなたのことを覚えている人、慕っている人がこれほどたくさんいたのだ。きっとあなたの想像よりずっと多いだろう。けれども、そこにマリアの母親の姿はなかった。ニースからパリにかけつけようとはしなかったのだ。人づてに、とても具合が悪かったからだと聞いた。

あなたにまつわるすべては、赤い厚紙のファイルに入っている。二本のゴムで留めるタイプで、学校では宿題を分類するのに使うファイルだ。雑誌から探し出したあなたの写真、インタビュー記事の切り抜き、出演した映画のプロダクションノート……。私は六歳のとき、それから八歳、一〇歳、一二歳と、まるで熱烈なファンであるかのようにあなたに関するものをすべて収集した。記事にその名前を見つけると、先の丸いハサミで切り抜いた。母に頼んで、自分と同い年ぐらいのころのあなたの写真や、あなたが幼いときに描いたというデッサンももらった。その日の収穫物をしまいながら、色とりどりのスパンコールや星のシールでファイルを飾りつける。ファイルの真ん中には新聞に掲載された画質の悪いモノクロの写真が貼ってあった。その写真のあなたはふっくらとした頬に、見たこともないような笑顔が弾けている。写真の上には透明なテープが貼られていた。年月から、そして人生の汚れからあなたを守ろうとしたのだろう。あなたは年を追うごとに女優としてのキャリアを積んでいき、ファイルも少しずつ厚くなった。けれどもその中身は、映画の記事は減る一方で、あなた自身の突飛な行動にまつわる記事が増えていった。映画の批評やポートレートの代わりに、無分別な行動を報じたいわゆるスキャンダラスな内容ばかりになった。そして、私が成長するにつれ、赤いファイルに入れるものはなくなっていく。あなたはたまにしか映画に出演しなくなった。それも低予算の作品で端役を演じるぐらいで、なかにはフランスで公開されない映画もあった。ジャーナリストたちは、もう主役ではないあなたへの興味を失っていった。そしてとうとう、あなたは、同世代の落ち目のスターたちの仲間入りを果たした。さまざまな依存症によって生気を奪われ、反逆の時代を終えた次の時代からは必要とされなくなったかつてのスターたち。もはやあなたは、私が幼いときに見ていた有名人ではなかった。街なかでばったり出会ったらパニックと興奮で震え、羨望のまなざしを向けるような存在でもなかった。それでもあなたは、病んでいても優しく、魅力的な私のいとこだった。私たち家族にとって、あなたは秘密の引き出しの奥に隠されている、傷ついた大切な宝物だった。

世間は、マリアについて書くことはもう何もなかったようだ。彼女はもはや存在していない。私はそれでも、栄光の霊廟とも言える赤いファイルを大切に持っていた。どこにでも持ち歩き、あなたの人生の断片を何度も読み返した。それは私たち家族が知ることのない、あなたの口からもほとんど語られることのなかった人生の一部だ。記事に載っているのはマスコミが選んだ話題にすぎない。それはまた、真実と真実に近いもの、そして妄想と嘘が入り混じり、炎上しやすい世間の目にさらされて憔悴した若い娘の人生だった。つらすぎた子供時代と折り合いをつけるために心身をすり減らし、ずっと痛みを抱えていた人生だった。その道のりは、私たち一家の女たちにも呼応している。もしあなたが、自ら望んだわけでもなく、無自覚なままに私たちの犠牲になってくれなければ、私や他のいとこたちが同じ道をたどっていたのかもしれない。

私はそのファイルを本当に大切にしていた。友人たちの前で開くことは滅多になかった。見せたとしても、とまどいと疑いの目を向けられただろう。「この女優、誰だっけ？　昔は有名だったみたいだけど」と言われるか、私が注目されたくて嘘をつき、親戚に有名人がいるとでっち上げているかのように思われたかもしれない。だからもう、質問や疑いの目には何も答えず、何も語らず、沈黙することにした。私は、二〇歳で実家のアパルトマンを出るとき、そのファイルを両親の田舎の別荘に保管することにした。昔は農場だったその別荘は、私たちがときおり過去を慈しむための倉庫となっていた。リボンがかけられた段ボールのなかに美術学校の生徒たちがつくった〈五月革命〉のポスター、チラシ、大量のルーズリーフ、父の革命幻想の痕跡が見られる紙の束、父が属していた組織の資料などが残されている。書斎のはずだったこの奥の部屋には、実際に父が仕事をしているのを見たことはないけれど、マリアや私たちが描いた色とりどりの絵もごちゃ混ぜに置いてあった。古新聞の山のなかには、私がのちに記者として働くことになる『リベラシオン』紙の創刊号もあった。自分が将来引っ越すことを考えると、そこはファイルを避難させたり保存したりするには理想的な場所だった。青リンゴ色かオレンジ色の大きな花柄の壁紙、応急処置が施された家具や古道具、そして広大な手つかずの庭があり、この別荘はまさにあなたにぴったりの環境だった。私が子供のころ、その庭はヒッピーたちの隠れ家となり、インドのチュニックを着た男女がキャンプファイアを囲んでいた。彼らはギターを弾きながら、大量のマリファナを吸っていた。

この別荘に来ると、私は必ず古いたんすの引き出しからファイルを取り出した。年月とともに、ほこりの臭いは次第にきつくなり、写真は色あせ、紙は湿り気を帯びて傷んでいった。そしてある日突然、ファイルが見つからなくなった。消えてしまったのだ。私はわけがわからず、ただただ悲しかった。そして、このファイルの結末とあなたの姿を重ねずにはいられなかった。ずっとそこに存在していたのに、忽然と消えてしまうなんて。あのファイルにはあなたのことがまとめられ、たくさんの資料であふれていた。決して完全な資料とはいえないとりとめもないものだったけれど、それでも確かにそこにあった。あの赤いファイルが見つからないのなら、いつの日か、私があなたについて語らなければならないだろう。

私が持っているあなたの一番古い写真には、男の子のように髪の短い姿のあなたが見える。私の母が撮った写真で、私の父、つまりあなたの叔父と一緒に写っていた。父はあなたより何歳か年上なのに、とても幼く見えた。森のなかで父は木にもたれかかり、あなたは怯えた子鹿のようなまなざしでじっとレンズを見つめている。マリアは一二歳ぐらい、父はその八歳上だ。二人の悲しげな子供のモノクロ写真。マリアの母は、娘の髪を短く切っていた。母からすれば、娘が美しすぎて耐えられなかったのだろう。あなたが家を追い出されて私の両親のもとで暮らし始める前のことだ。写真のなかのマリアは、体はまだ幼いけれど、顔は青春時代の到来を予感させている。まだ自分が何者かわかっていなかったのだろう。父親は不在で、母親からは愛されていない不安げな子供の顔。まるで目の前の人生に鋭利な石ころだらけの道が続くことを感じ取っているかのようだった。

マリアは戦後の復興の時代、つまり、一九四五年から始まった〝栄光の三〇年間〟と呼ばれる経済成長期のはじめに誕生した。マリアが生まれたのと同じ一九五二年には、アメリカでＩＢＭの工場から奇妙な機械、すなわち初代のコンピューターが出荷される。一方、フランスの家庭では、いまだに暖房の燃料は石炭で、洗濯は手洗いだった。クリスマスと誕生日以外にプレゼントを贈る習慣はなく、旅行もせず、冷蔵庫も持たず、国民の三分の二は水道の恩恵を受けていなかった。限られたお金持ちだけがテレビを持っていた時代。学校はまだ共学ではなく、女子は男子の視線にさらされることなく学校生活を過ごしていた。女の子たちは石けりや、オスレと呼ばれるお手玉やヨーヨーで遊び、年ごろになるとダンスパーティーに行くようになる。ピルが登場する前だったので、カップルたちはオギノ式で避妊したり、不法に中絶したりしていた。まだ社会は貧しく、たとえば、第二次世界大戦中にレジスタンス運動に参加したピエール神父（カトリック教会司祭であり慈善活動家）は、人々を救済するために慈善団体「エマウス」を設立した。

あなたは平和な時代の子供だったけれど、まだ各地で戦争は続いていた。インドシナ、次いでアルジェリアで血みどろの独立戦争が行なわれ、新たな世界の構図が生まれようとしていた。一九五三年、スターリンの死去から数カ月後、英国ではエリザベス女王の戴冠式が執り行なわれる。

そのころ、フランスではド・ゴール将軍が政権を握っていた。一九五六年一一月四日、ソ連軍の戦車がブダペストに侵攻し、ハンガリー蜂起を鎮圧。ヨーロッパは真っ二つに分かれ、世界はまもなく親共産主義と反共産主義で大規模に対立することになる。東西冷戦が幕を開けようとしていた。

あなたがまだ幼いころから、あなたの母親は、愛する二人の息子に比べて、娘の存在が重荷であることを隠そうとはしなかった。アメリカでも撮影していた映画スター、ダニエル・ジェランがマリアの父親だということも。当時彼は女優のダニエル・ドロルムと結婚していたため、法的にはマリアを認知できず、マリアに父の姓を名乗らせることもできなかった。マリアが誕生して数年のあいだ、まだムランの街に住んでいたころ、父は何度か自分の娘に会いにきた。当然、あなたはほとんど覚えていないだろう。この家でマリアの父の訪問が歓迎されることはなく、次第にその足も遠のいていった。母はその男を恨んでいて、「あの父親は、あんたのことなんてどうでもいいのよ」と繰り返した。あなたは、父親が自分に会いたくもなく、愛してもいないのだと思っていた。けれども、娘を遠くに追いやりたかったのは母親のほうだった。周囲からは陽気ないたずらっ子だと思われていた娘の存在に、母親は耐えられなかったのだ。

あなたの母はもう限界だった。自分が生きていくのに精いっぱいだった。「あんたは育てにくい子だよ」と言いつづけ、ついには娘を里親に預けることを決心する。里親なら最低限のしつけを教え込ませ、教育を受けさせ、何とかまともに育ててくれるだろうと思ったのだ。知らない女の人に預けられると聞かされたとき、あなたはまだ本当に小さかった。きっと最初はしくしくと泣き、それから激しい怒りと極度の恐怖でどうしていいかわからず、涙を流しただろう。行きたくない、ここにいたい、ママンやお兄ちゃんや弟と一緒にいたい。あなたの叫びは誰にも聞いてもらえず、その声はどんどん大きくなっていく。思いつく限りの言葉で訴えても、それは虚空に散るだけで、誰の耳にも届かなかった。それから二年間、あなたは見知らぬ女性のもとに預けられた。あなたがその女性について語ることは決してなかった。

次にあなたが生家に戻ったのは、ようやく一〇歳になったころだった。私たちの祖母が自分の娘に何も隠さなかったように、あなたの母親の情事は秘め事でも何でもなかった。私の家は、子供に聞かせたくない話でも隠さない家庭だった。あなたの母親が男性とベッドに寝ていたことを両親が小声で話しているのを聞いたことがある。あなたの母は廊下に響き渡るような声で娘を呼びつけて、避妊用のペッサリーを持ってこさせた。その声は、いつもと同じで素っ気なく高圧的だった。あなたは言うとおりにした。そうするしかないことを母の声の感じから悟っていたのだ。あなたは震えながら浴室へ行き、洗面台の下の棚をひっかき回した。そして小さく不器用な手で避妊具を握りしめ、母のもとへ向かった。いま取ってきたものが手のなかで壊れてしまうのではないかと怖かった。「絶対に落としちゃダメ。壊れやすくてすごく高いんだから」ときつく言われていた。早くして、と母に急かされながらも、あなたは一歩ずつ前に進んだ。そして母に避妊具を手渡すと、自分の部屋に走って戻った。

あなたは一四歳になった。髪は相変わらず短かったけれど、日に日に美しさは増していた。胸はふくらみ、あなたの体は子供から大人へと急速に変化していた。一日ごとに何かが変わっていく。鼻のカーブやズボンのなかの腰の位置、肌の質感。急に自分の目が大きすぎるように思えてくる。腰まわりは少しずつふくよかになり、白いキュロットに血がにじむようになる。あなたは、女性らしい自分の体に居心地の悪さを感じ、ゆったりとしたセーターを着て体のラインを隠した。けれども、どんなに隠しても無駄だった。男の子たちはあなたに魅力を感じ、体のラインをじっと目で追った。あなたが通ると、大人の男たちは振り返った。ある日、あなたは母親に問い詰められ、恋人がいることを白状する。それは一番言いたくないことだったけれど、黙れば黙るほど、何も言わないのは悪い娘の証拠だと迫る母に屈するしかなかった。母が知りたいことはただ一つ。「寝たの？」娘は頭のなかにそれしかない母親にいら立ち、傷つき、「ありえない。そんなことしない！」と答えた。すると母は天を仰ぎ、あなたを見てこう言った。「なんて意気地なしなの。かわいそうな子ね！」

あなたは一五歳。それはあなたの母が最初の子を産み、私たちの祖母が強引に結婚させられた年齢だ。私たちの家系では、母親が娘に耐えられなくなり、娘たちが容赦なく大人の世界に引きずり込まれる年ごろだった。そしてあなたも、その年で母親に家を追い出された。私の両親は、パリ七区にある二部屋のアパルトマンで一緒に暮らそうとあなたに声をかけた。当時のあなたは、グランド＝アルメ大通りの小さなアパルトマンに、母、義理の父、二人の兄弟と一緒に暮らしていた。どうやらそこで、あなたのベッドに義理の父がいるところを母親が目撃し、激しいやりとりがあった末のことらしい。けれども私たちの家では、誰もそれ以上のことは聞かなかった。

あなたはラシーヌ高校に通う一年生で、優秀な学生だった。私の両親と暮らし始めてからは幸せな日々を過ごしていた。私が生まれる前の話だ。私の両親は若いボヘミアンのカップルで、あなたは大好きなこの二人との暮らしに自由を感じていた。そのころ、私の父はまだ学生だった。母は左翼のフランソワ・マスペロの書店で働いていた。『カイエ・デュ・シネマ』誌の人たちと交流があり、暇があればシネマテークに通っていた。父は最も過激な極左主義の団体で活動していて、武器を手に革命を起こすつもりでいた。新聞を数紙読み、デモ隊を組織し、政治や経済、法律を学んでいた。何か秘密めいた様子で会合に出かけていった夜は決まって、高揚した笑みを浮かべて家に帰ってきた。それまで政治の話をほとんど聞いたことがなかったあなたは、この状況を楽しんでいた。当時、六〇年代半ばのあなたは、自分がド・ゴール主義だと思っていた。なぜかは説明できないけれど、そう自覚していたのだ。

私の両親は馴染みの地区だったサン＝ジェルマン＝デ＝プレの教会で結婚した。二人ともすでに神を信じてはいなかった。彼らの唱える宇宙進化論では、イエスや聖母マリアではなく、毛沢東やフロイトが中心に据えられていた。あなたは精神分析について学んでも、革命について聞くときと同じように苦笑し、あまりに突飛に思えて特に興味も持たなかった。当時、あなたが夢中になっていたのは映画だった。私の両親に話題作について話してくれるようにとせがみ、新作が公開されると劇場に急いだ。ある日、私の母がスクリーンテストの話を持ってきた。駆け出しの映画監督の友人が、ロベール・ブレッソンの『少女ムシェット』の主人公に似た少女を探していたのだ。あなたは試しに一シーンだけ撮影してもらったけれど、結局選ばれることはなかった。理由はあまりにシャイだったから。母はがっかりしたけれど、あなたにはどこか自然で手つかずの独特な強さがあると感じていた。マリアを選ぶようにと友人を説得はできなかったものの、撮影したフィルムをあなたに渡してほしいと頼むことはできた。あなたがそれを見たかどうかはわからない。

一六歳になる前のこと、ある日、あなたは頬を真っ赤にして帰ってきた。当時一緒に暮らしていた若いカップル、つまり私の両親に伝えたい重大なニュースがあったのだ。「今日、私が何をしてきたか、きっとわかりっこないわ！」あなたは二人の反応を見るまでもなくはしゃいでいて、矢継ぎ早に言葉を発した。その日の午後、あなたは長年会っていなかった父親の家を訪ねたのだった。父は娘を歓迎した。ダニエル・ドロルムと離婚したあなたの父は、その後ウルスラ・アンドレスとつかの間、恋仲となった。そして当時はディオールのモデル、シルヴィ・イルシュと暮らしていて、彼女とのあいだにマニュエルとフィオナという二人の子供もいた。父は、気が向いたらまた寄ってくれ、と言った。本当にいつでも好きなときに。するとあなたは、高校を休んで、父親の撮影に付き添うようになる。父はあなたをいろいろな場所に連れて行っては、娘として紹介した。あなたはすでにとても美しく、あらゆることに興味を持ち、絵も上手だったので、父は鼻が高かった。そして、あなたのほうも誇らしげだった。なぜなら、父は同世代の多くの俳優たちがうらやむようなキャリアの持ち主だったから。五〇年代には濃い顔の美青年としてサッシャ・ギトリからジャン・コクトーまでさまざまな巨匠の作品に参加し、アルフレッド・ヒッチコックの『知りすぎていた男』にも出演していた。

夕方になると、あなたは小さなアパルトマンに帰ってきて、現場で見たことを詳しく話した。照明、カメラ、ケーブルの山、スタッフのめまぐるしい動き、何度も繰り返されるテイク……。話が尽きることはなかった。その日に目にしたものをパステルで描き、まるで夢から目覚めたときにその断片を忘れないように書き留めているかのようだった。映画のセットという閉ざされた空間のなかで、あなたはみんなからお世辞を言われ、注目を浴びた。あなたはその状況を気に入っていた。

父ジェランは、撮影現場だけでなく、パリの夜のキャバレーやパーティーにまであなたを連れて行った。モンパルナスにはスターたちが集っていて、極めつけの道楽者で遊び好きの父は、そのなかでも〝理想的な娘婿のような顔の遊び人〟と言われていた。ドラッグをやり、女性を誘惑するだけでは飽き足らず、男性とも関係を持っていると噂されていた。マリアはまだ若く、彼の娘だったにもかかわらず、まるで新しいガールフレンドであるかのように朝方まで連れ回された。ある日の夜明け、父はあなたの腹違いの弟や妹にあなたを紹介しようと思い立った。ナイトクラブの〈カステル〉が閉店しても、父は娘を帰したがらなかった。「まだ寝かさないぞ！」そう言って、朝の六時に激しい息づかいでフィオナの部屋に連れて行った。あなたの一〇歳年下の妹、フィオナはぐっすりと眠っていた。父は「フィオナ、フィオナ、マリアだよ。お前のお姉さんだ」と小さな娘を揺り起こした。フィオナは目を開けて驚いた顔で姉を見た。夢なのか現実なのかよくわからないかのように。あなたは少しとまどいながらも微笑み、妹は再び眠りに落ちた。

すると父は急に疲れを感じ、眠りたくなったのだろう。あなたの手にタクシー代を握らせて、消え入るような声で「またな」と言った。くたくたになって私の両親の家に帰ったあなたは、なかなか眠ることができなかった。夜に観た映画のこと、さまざまな映像や顔が次々と浮かんでは消えていく。洋服は煙草とこぼれたお酒の臭いがした。その日、高校を休むのは目に見えていた。

数日経つと、父が「すぐ出られるか？　一〇分で支度しろ」と電話をかけてきた。あなたは大急ぎで着替え、コール墨でアイラインを引き、父親のもとに駆けつける。また別のパーティーや店に連れて行かれ、大物が登場する雑誌でしか見たことのない人たちに紹介される。けれども、こうして一緒に出かけてはいても、あなたは父親を〝ムッシュー〟と呼びつづけた。

あなたは一六歳。また引っ越すことになる。これ以上は一緒に暮らせないと私の母から言われたのだ。私の母は妊娠していて、近々赤ちゃんが生まれる予定だった。私のことだ。当時のアパルトマンには寝室が一つしかなく、四人で暮らすには狭すぎた。でも、まだ時間はあり、急ぐ必要はなかった。母は前もって知らせておきたかったのだ。あなたは、実家に戻るか、あるいは新たな居場所を見つけなければならなくなった。結局、私がやってきて、あなたは去った。いつもそう聞かされていた。この話を聞くと、自分があなたを追い払ったようでつらい気持ちになる。もしあのまま私の両親と暮らしていたら、あなたはあんな不幸には遭わずにすんだかもしれないから。

あなたは一八歳、踊っていた。もうシャイな少女ではなく、人見知りの思春期の娘でもない。コルシカ島のナイトクラブのステージで踊り、パリの〈カステル〉で踊り、至るところで一晩中、踊りつづけた。ジャニス・ジョプリンやジミ・ヘンドリックス、ヴェルヴェット・アンダーグラウンド、ジム・モリソンで踊り、アメリカを夢見ていた。明日はいったい何をするのかわからないまま、踊っていた。ミニスカートに古い革のブルゾン、黒いアイメイク、腕にはたくさんのブレスレット。髪は長くカールしていた。踊っては酒を飲み、煙草を吸い、踊っては男の子たちとキスをし、女の子たちとキスをした。〈ル・セレクト〉や〈ラ・クーポール〉に足を運び、ビュル・オジエと過ごし、カトリーヌ・ドヌーヴの近くにもいた。エヴァ・イオネスコはまだほんの小さな子供だったけれど、あなたがジャン＝ピエール・レオと同じテーブルに座っているのを目にしていた。マリアの〝奔放な官能性〟がエヴァの記憶に刻まれることとなる。あなたの濃すぎるぐらいの化粧は、ブリジット・バルドーの仲間たち〈アマゾン〉の一員であり、ブリジットに守られていることを意味していた。あなたは一九七〇年代に鳴り物入りで迎え入れられたのだ。

一九歳になっても、あなたはよく私の家に遊びに来た。私が生まれた一四カ月後には、弟も生まれた。大きな部屋を求めて、私たち家族はパリ一三区の低所得者用住宅《HLM》に引っ越し、あなたはよくそこに顔を出した。でも、あなたは私たち子供にはあまり興味がなく、いつも両親や訪ねてきた大人たちとおしゃべりをしていた。家にはいつも誰かがいた。父とともに革命を起こそうとしている政治活動家、独裁政治から逃れてきたラテンアメリカ人、労働者、精神分析学者、芸術家たち。部屋のなかはカラフルで熱気に満ちていた。壁にはインドの生地が掛けてあり、バロック調の家具や道で拾ってきたテーブルや椅子、大枚をはたいて手に入れた北欧デザインの家具が組み合わされていた。あなたはここに来るのが好きだった。いつも何かしら食べ物と飲み物が用意され、煙草とゲストが持ってきたマリファナもあった。私には両親たちの暮らしは夢想的でぼんやりとした世界に見えた。私の名前〝ヴァネッサ〟は、ミケランジェロ・アントニオーニの『欲望』に出演していたヴァネッサ・レッドグレーヴからつけられている。聖人歴には存在しない名前なので、役所の身分登録の責任者を説得しなければならなかったらしい。

私の家は団地でありながら、両親が毎年夏にオペラの音楽祭に出かけるドイツのバイロイトのようでもあった。シューマンの曲とロックが流れ、プレーヤーの上にはマリア・カラスの次にボブ・ディランのレコードが置かれる。メタリックの蛇腹の棚には、スパンコールの刺繡が施された母の白いイブニングドレスと父のタキシードがきれいに並べられ、その横には普段着が入っていた。どこか外国のカラフルな服、蚤の市で買って母がファイアンス焼の浴槽で染めてワンピースに変身させたアンティークのネグリジェ、強烈な匂いのするムトンの毛皮、チクチクする手編みのセーターなどが隣り合っていた。私は、自分たちがどんな人間なのか、金持ちなのか貧しいのか、白人なのか黒人なのか、ブルジョワなのかプロレタリアなのかもわかっていなかった。アカデミックな家系であることは確かで、血筋をたどると政界の大物や元大臣、偉大な医学者までありとあらゆる分野の人たちがいた。けれども親からは、そんなことはどうでもいいのだ、と聞かされていた。いまは階級社会が消滅し始めていて、おバカな学生より労働者のほうがよっぽど価値のある時代なのだと。私にはさっぱり理解できなかった。両親は私の同級生の親とはまるで違っていた。母は肌が褐色で、美しい顔の周りをアフロヘアが囲んでいた。父は肩まで髪が伸びていて、二人の服装はまるで仮装のようだった。同級生たちが林間学校に行っているあいだ、私たち一家はセヴェンヌ山脈のコミュニティーで生活した。カトリックの公教要理を学んでいる人たちがいる一方で、私たちは神もサンタクロースも信じなかった。ましてや抜けた乳歯を硬貨と交換しにきてくれる小さなネズミの迷信も、復活祭の鐘もウサギも信じていなかった。母は子供に嘘をつくべきではないと考えていた。観てもいいテレビは政治番組だけ、どの部屋も本にあふれていて、食器は手で洗い、コーヒーミルで豆を挽き、ヨーグルトとアイスは自家製だった。母はスーパーに行くとき、絶対に避けるべき着色料と保存料の膨大なリストを持参し、じっくりと時間をかけて商品の成分を吟味した。グミと炭酸は禁止だったけれど、それでもときどき、カフェテリアの〈カジノ〉にはランチに行った。そのときだけは、大いに楽しめるように食べ物のルールを無視してよかった。家では、アメリカから来たものはすべて締め出された。例えば資本主義のシンボル、コカ・コーラ。壁にはカール・マルクスの顔が刺繍された巨大なタペストリーが飾られていた。マルクスはいかめしい顔をしていたけれど、その布は絹のように柔らかかった。私は、できるならプラスチック製の紫のスツールによじ登ってマルクスに触れたかった。父は、もくもくとした煙草の煙のなかでデモや革命の気運を高める一方で、とても真面目な職業に就いていた。財務省の高級官僚だったのだ。父はときどき、私をルーブル宮殿にある古くて謎めいた宝石箱のような職場に連れて行ってくれた。私はまず、食堂でポテトフライやムース・オ・ショコラに飛びつき、それから職場を案内してもらった。特にコンピューター室が私のお気に入りだった。床から天井までコードが張りめぐらされた金属のかたまりが見え、いかにも重要な情報が含まれていそうなパンチカードが激しい音を立てながら流れていた。父は職場の同僚とも違っていた。私の同級生の親たちのほうがまだ彼らに近かった。制服も着ていなければネクタイもしない。散髪もしていなかった。母は、大きなプラスチックの編み棒で柄物のセーターを編み、紫や深い青、ピンクの服を着てサボを履いている。母の髪はアフロヘアで、誇らしげに、まだ私が存在を知らなかったアンジェラ・デイヴィスのような格好をしていた。私はそこに気高い美しさを感じていた。そして、市場で買った洋服を着込み、肩に鞄をかけているあなたにも同じ美しさがあった。両親とあなたは自由で若くて、とても素敵だった。そんな人たちと接して、同じ道を歩み、ともに過ごし、よくわからない言葉や概念が飛び交う会話を聞けるなんて、なんて恵まれた環境だろうと私は思っていた。それは、自分たちがどんな家族なのかを理解する前、恥じらいを覚え始める前のことだった。

一八歳になる前から、あなたはアラン・ドロンに妹のようにかわいがられていた。映画に出ることを夢見ていたあなたをドロンに紹介したのは、あなたの父ダニエル・ジェランだった。ドロンの撮影現場について行き、舞台裏で紹介されたあなたは、誰からも邪険に扱われることなく、ドロンの後を追い、細かいしぐさや力強い演技をじっと観察した。彼のカリスマ性、権力、気難しさを目の当たりにして胸を躍らせた。ドロンは厳しくて、辛辣で、危険な男だと評判だったけれど、あなたには優しかった。そして彼はすぐに、あなたが映画に出られるように協力してくれた。そうやってあなたは、端役とはいうものの、ドロンが主演し一九七〇年に公開したロジェ・カーヌ監督『栗色のマッドレー』に出演を果たす。それは結婚にまつわる夫婦と愛人の物語で、当時のドロンの恋人ミレーユ・ダルクが裏切られる妻を演じた。脚本は、美しくてゴージャスなグアドループ出身のマッドレー・バミーの人生をもとに書かれている。マッドレー・バミーとはクロード・フランソワのダンスチーム〈クロデット〉の一員で、のちにジャック・ブレルのパートナーとなる女性だ。この映画で初めて、あなたの名前が記事に載ることになる。けれども、わかりやすくしたかったのか、あなたの名は〝マリア・ジェラン〟と紹介されていた。

ここに撮影風景を捉えた一枚の写真がある。そのなかでドロンは、優しく、まるで保護者のようにあなたを抱きよせている。髪は普段より長めで、白いシャツに裾が少し広がった黒いズボンに、足元には四角いモカシン、柔らかそうなセーターを肩にかけている。マリアの奇抜な格好は、ドロンの控えめな服装とは対照的だ。やっとお尻が隠れるような明るい色のスエードのミニワンピース、ウエストには鋲が打ってある大きなミリタリーベルト、脚の細さがさらに引き立つぴったりとしたロングブーツと、いかにも当時の若者らしいファッションだ。肩からは派手な柄のウールのバッグをかけている。その写真はフランスのどこかの村で撮られたように見える。古い石造りの建物に野ブドウの蔓が滝のようにつたっている。二人は、小川にかけられた橋の鉄製の手すりに寄りかかり、どこにでもある風景のなかで弾けるような笑顔を見せている。アラン・ドロンは、このときすでに映画スターとして長く活躍していて、息をのむほどの美しさ。一方あなたは、得意げな笑顔に満ちている。それは、これまで愛されたことがなく、これから人生を巻き返してやると誓う子供の顔だった。目の前には無限の世界が広がり、映画界のスターたちはあなたの輝かしい未来を予言していた。結局、その作品はヒットしなかったけれど、そんなことはどうでもよかった。なにしろ、クレジットに名前が載ったのだから。あなたは一七歳。私が生まれたばかりのころだった。

サン＝ロック教会では、ブリジット・バルドーの弔辞がアラン・ドロンの低い声で読み上げられた。感動的だったとはいえ、葬儀には場違いな言葉でもあった。「あどけない子供のような顔、野生のネコのような気性。燃え上がる隕石のように強烈な光で、あなたは一瞬にして世界を征し、行く手を阻むあらゆるものを吹き飛ばしました！　けれども、その輝かしい道は、はかないものでした。栄光の絶頂にあったマーロン・ブランドにビロードのような体を捧げ、その羞恥心のなさが社会に衝撃を与えてスキャンダルになったからです。生意気な態度のあなたは、永遠にその時代を象徴する存在となりました。でも、そういったあなたの外見やイメージの裏には、傷ついた小さな心が隠されていたのです。それはまるで、帰る港もなく漂流する少女のようでした。何も準備ができていないまま高みに押し上げられ、パラシュートも持たずに突き落とされたあなたは、栄光に見放されるむなしさを満たすため、あらゆるものに依存していきました」

私の両親の家を出たあなたは、ブリジット・バルドーのもとに身を寄せた。あなたとバルドーは出会う運命だったのだ。あなたの父ダニエルとバルドーはもともと知り合いで、バルドーは妊娠中のあなたの母親と出会っていた。しかも、あなたが生まれた年にバルドーはロジェ・ヴァディムと結婚し、式の立会人を務めていたのは、あなたの父ダニエル・ジェランと当時の妻であり女優のダニエル・ドロルムだった。バルドーはそのとき一八歳。当時、たいていの女性は二一歳の成年を過ぎてから結婚していた。けれども、結婚に反対されたバルドーは、火のついたガスオーブンに美しい顔をあてて自殺を試みた。父親は結婚を認めざるをえなかったのだ。そして月日が経ち、私が誕生した一九六九年、あなたはジャン・オーレル監督、ブリジット・バルドー主演の『女性たち』に小さな役で出演する。バルドーは、撮影場所であるブローニュ＝ビヤンクールのスタジオで初めてあなたの姿を目にした。おそらく、飼いならせない猫のようなあなたの顔が彼女の目にとまったのだろう。バルドーに声をかけられたあなたは、とても自然な反応を示した。相手が誰であっても萎縮などしないのだ。それが、たとえ二〇世紀後半を代表するセックスシンボルであっても。あなたはバルドーに家を探していることを話した。すると、バルドーは自宅の住所をあなたに渡す。翌日の夜、あなたはジーンズにブルゾン、バスケットシューズという格好で、一六区のポール・ドゥメール大通り七一番地にある彼女の自宅を約束なしに訪れた。バルドーの家で暮らし始めたとき、あなたはまだ一七歳にもなっていなかった。

あなたはサン＝ロック教会の中央に置かれたかなり小さな棺のなかで眠っていた。式では私たちの叔父のジョルジュが思い出を語った。彼は姪っ子をとても愛していたので、あなたが聞きたかった言葉が並び、あなたが不快になるようなことはいっさい言わなかった。マリア・シュナイダーの名を一躍有名にした、呪われた作品のタイトルは決して出さなかった。『ラストタンゴ・イン・パリ』と棺の前で口にする気はなかったのだろう。ジョルジュは、優しさに満ちた言葉で、ジャック・ニコルソンと共演したミケランジェロ・アントニオーニ監督の『さすらいの二人』について語った。その作品のなかで、あなたが髪を風になびかせ、ニコルソンが運転するオープンカーに乗って大きく笑う姿について触れた。何十年ものあいだ、あなたは〝タンゴ〟については口をつぐんできた。自分を貶めたこの踊りの名を耳にするだけで身をこわばらせたほどだ。公開から一〇年後、一九八三年のインタビューで、あなたは祈るようなしぐさで「お願い、許して。タンゴの話はしたくないの」と訴えている。それは、当時の最新作、ルイジ・コメンチーニ監督『L'imposteur（ペテン師）』についてのインタビューだった。ところが記者はその作品には興味がなく、取材はあくまであなたに会うための口実にすぎなかった。他の人たちと同じで、タンゴの話をなんとか引き出そうとその話題をふる。するとあなたは、いら立つことなく丁寧に、そしてつまらなそうな低い声でこう言うのだ。「いつもその話ね。どこにいってもタンゴ、タンゴ。もううんざり」さらに「昔、その作品には出たわ。たとえ出なかったとしても、他の作品でうまくやれてたはずよ」と付け加えた。あなたがタンゴなしの自分のキャリアを本当に信じていたのかどうかはわからない。けれども以前から、同じような発言を繰り返し、あの作品がなくても成功していたはずだと思いたがっていた。あなたは、そうした重苦しいインタビューの出口を探すために、「『さすらいの二人』について話したい。この映画のほうが愛着があるの」と話を変えた。けれども記者は無反応で、興味を持ってもくれなかった。

マリア、あなたはわかっていたのだろうか? 〝ジャンヌ〟の役は決して引き受けるべきではなかったことを。ベルナルド・ベルトルッチが最初に念頭に置いていたのは、マリア・シュナイダーではなかった。パリのアパルトマンの密室で、妻に自殺されたばかりの哀れな四五歳の男、ポールが、二〇歳の若い娘と次第に激しさを増すセックスとバイオレンスの二日間を過ごす。監督は、当初は男同士の設定を考えていたが、その案は断念された。当時、ベルトルッチはまさしく時代の寵児だった。一九七〇年『暗殺の森』で批評家から大絶賛され、次作『ラストタンゴ・イン・パリ』では性の解放の闇について描くつもりでいた。まず、ポール役には『暗殺の森』でタッグを組んだばかりのジャン゠ルイ・トランティニャンに声をかけた。けれども、彼は脚本が気に入らなかった。「この作品はセックスばかりしてる。僕は素っ裸になる気はない、悪いね」と。若い女性の役には、紫煙がたちのぼるパリのクラブであなたがいつも会っていたドミニク・サンダを考えていた。しかし、ちょうど俳優クリスチャン・マルカンとの子供を身ごもっていたドミニクからも断られ、『暗殺の森』のカップルを再び起用するというアイデアは失敗に終わる。そこで監督は、当時最も知名度の高いフランス人俳優ジャン゠ポール・ベルモンドとアラン・ドロンに会いにパリに向かう。ベルモンドは「ポルノには出ない」と会ってもくれなかった。無駄なことはしないタイプなのだ。ドロンはドロンらしくもっと曖昧に「ウィ」とも「ノン」とも言わず、撮影の時期について注文をつけた。こうして、キャスティングは難航し、行き詰まりを見せていた。そしてある日、ベルトルッチの知人がマーロン・ブランドの名前を挙げた。アメリカ映画界の伝説的な俳優だが、当時はすでにその輝きを失っていた。商業的に失敗した作品が一〇本ほど続き、ハリウッドのスタジオでは〝落ち目の俳優〟のカテゴリーに入れられていた。四七歳のブランドは、老いて太っていた。また、ポリネシアの環礁を購入したことで財政難に陥り、さまざまな金銭問題を抱えていた。まもなく復活を遂げることになるとはブランド自身も思ってもいなかっただろう。このとき、ある二人の若き監督のもとで、ブランド復活の兆しが見え始めていた。一九七二年公開の『ゴッドファーザー』にブランドの起用を考えていたフランシス・フォード・コッポラ、そして、最終的にはブランドから出演の返事をもらうことになるベルトルッチ。けれども、ベルトルッチにとってブランドを説得するのは簡単なことではなかった。二人はパリのホテル〈ラファエル〉で初めて顔を合わす。ベルトルッチは作品の主旨を説明した。男と女がお互いの素性をいっさい明かすことなく、動物的な体と体の関係のみで通じ合うという物語だ。ブランドは難色を示したが、ぶつぶつと何かを言って眉をひそめながらも、『暗殺の森』を見てみることは承諾した。そして、スーツケースに作品のビデオカセットを入れてアメリカに戻った。数週間後、ブランドは監督に連絡し、作品について話し合うために彼のロサンゼルスの家に二週間滞在しないかと誘った。長時間に及ぶ議論の末、二五万ドルの出演料と興行収入の一〇パーセントのロイヤリティという条件で話はまとまった。当時としては、かなり高額なギャラだった。ベルトルッチにはまだ、このライオンのような男の相手役を探す作業が残っていた。ある日、ドミニク・サンダと友人たちが写された写真のなかで、マリア・シュナイダーのことを知る。パリに住むスタッフたちは、マリアを起用するという監督のアイデアに反対だった。「みんなは、毎晩〈カステル〉で踊ってる小娘にすぎない、と言っていた」と何年もあとに監督はそう語っている。「私だけがマリアの持っているものに気づいていた。女性的であり男性的な肉体、そして巨大な胸の内面に、どこか野性的なものを秘めていた」とも述べている。あなたと監督の最初の打ち合わせでは、監督はあなたに胸を手術するよう要求した。あなたは拒否した。でも、それが唯一の抵抗で、その後はすべてを強要されることになる。

あなたは出演を迷っていた。のちに「脚本をすべて理解したわけではなかった」と語っている。けれども、大胆で危険な物語であるとは感じていた。すると、エージェントは「マーロン・ブランドの相手役で主演なんて断るわけがない」と反論もできないような言葉であなたの不安を払いのけた。そのとき、あなたは一九歳の未成年。七〇年代最大のスキャンダルとなった作品に出演しようとしていた。あなたの母親は、保護者として出演を承諾する契約書にサインをした。

あなたがマーロン・ブランドと初めて会ったのは、ビル＝アケム橋での撮影のときだった。あなたは、彼が上げ底の靴を履いているのに気づいて笑ってしまった。それほど大きくないな、とも思った。この男を自分がコントロールできるようにならなくてはと考えていた。あなたはブランドを前にしても動じることはなかった。ベルトルッチはまず、あなたとジャン＝ピエール・レオとのシーンから撮り始めていた。ゴダールやトリュフォーの秘蔵っ子であるレオが恋人役を演じていたのだ。監督は、あなたが怖気づいてしまうのを恐れて、あなたをいきなり怪物と対峙させたくはなかったのだろう。けれども意外なことに、ブランド自身も撮影に怯えていた。あなたは、ブランドの四角い顎と低すぎる声の裏に子供のような優しさが潜んでいるのを感じる。彼はあなたを安心させようと、最初に星座を聞いてきた。星座好きのあなたは驚かなかった。「おひつじ座」「私もだ。上昇宮は？」「てんびん座」「よかった。相性は完璧だ。親密なシーンがいくつかあるからね」そしてブランドは、あなたの頬にキスをした。まるで父が娘にするように。

実際に絡みのある最初のシーンは、ベッドの上だった。少なくともあなたは、これから何が起きるのかを把握していた。作品の本質に疑問はあるものの、どんな映画かは理解していた。ブランドの要望で裸やセックスのシーンは、限られたスタッフだけで撮影することになっていた。外部の人間の立ち入りは禁止。スチールカメラマンや野次馬たちは、二人をひと目見たくて廊下で一日中待機した。何とか現場をのぞくために向かいの部屋を借りる人までいた。そんななか、ジャンヌ・モローが見学にやってきた。あとにも先にも、立ち入り禁止の境界を突破できたのは、頑固で興味津々なモローだけだった。パリのあらゆるところで、イタリア人監督が奇抜な問題作を撮影しているという噂がささやかれていた。

マーロン・ブランドは、撮影に関するさまざまな条件を提示し、それがこの現場でのルールとなっていた。まず、立場によって扱いを変えることを禁じた。スタッフと役者で食事が違うなど論外で、彼は休憩時間になると、ポケットマネーでアペリティフやサンドイッチを差し入れた。「若い人からベテランまで、みんなを尊重していた。公平で寛大な人だという思い出を一生残してくれたわ」とあなたはのちに語っている。

ブランドは一八時には撮影を終えてホテルに帰り、週末に働くことは拒否した。ベルトルッチは彼の要求はすべてのんだのにもかかわらず、あなたにはまったく休みを取らせなかった。深夜までテイクを重ね、土曜になるとジャン＝ピエール・レオとの撮影。長距離マラソンというより、むしろ悲惨な戦場だった。あなたは消耗し、一五週間に及ぶ撮影で体重は一〇キロも落ちた。スタッフたちは、あなたが大粒の涙を流しているのを何度も目撃する。ちょっとした言葉をかけたり、視線を送ったりして慰めてくれる人もいたけれど、気づかないふりをしている人もいた。この無名の娘はすでにラッキーなのだ。スターのマーロン・ブランドと名前を並べられるのだから、これ以上何の不満があるのかと思っていたのだろう。そこであなたは監督に直接訴えた。「毎日一四時間の撮影はつらすぎます……」するとベルトルッチは目も合わせず冷たく言い放った。「お前は何者でもない。俺が発掘してやったんだ。とっととうせろ」

ベルトルッチは早い段階から、これが危険な企画であると自覚していた。スタッフには、何も口外しないという守秘義務の契約書にサインをさせた。そして、撮影が始まると監督は上機嫌だった。マーロンとマリアの相性はとてもよく、娘のほうは従順で、ブランドは自身の人生の傷が役に生かされ、演技に深みが出ていた。ブランドは監督にアドバイスしたり、カメラの位置や演技を提案したりして、この作品を支配していった。ベルトルッチはハリウッドの大物の経験と存在感に魅了され、喜んで従った。まさに作品のテーマである服従そのものではないか？　あなたはこの二人をじっと観察し、次第にブランドが主導権を握っていくさまにとまどっていた。いつも、マリアが現場に呼ばれるのは最後の最後。照明のテストにも呼ばれなかった。あなたはただ演技をするだけで、もはや話しかけてくる人もいない。監督と意見を交わすなど論外だった。監督の目にはマリアは存在せず、ブランドのことしか頭になかったのだ。

ベルトルッチは映像と光にこだわり、七〇年代を象徴する色であるオレンジの映像を追い求めていた。それはヒッピーの色であり、インドのサリーやスパイス、デザイン、当時のコミュニティーでみんなが着ていたヒンドゥー教のグルのようなチュニックの色、カリフォルニアの太陽の色であり、生命力とエネルギーの象徴でもあった。監督は最初のラッシュを見て、望んだ色合いが出ていたことに安心した。その一方で、よろい戸を閉めたアパルトマンでの撮影が続いても、どこか満足してはいなかった。何かが足りない。もう一段上の性暴力、許容できるぎりぎりのラインでの発作的な何かが。それがのちにスキャンダルを巻き起こす問題のシーンとなる。ある日の朝、監督はブランドをわきへ呼び、脚本にないアナルセックスのシーンを提案した。マリアには何も伝えないでおこう。前もって知らせず、不意を突くことにしよう。二人の意見は一致した。その日あなたは、現場の特別な雰囲気に気づいただろうか？　スタッフ、監督、ブランドの示し合わせたようなまなざしに。それとも、疲れすぎて疑うことさえしなかったのだろうか。誰がバターを使うことを思いついたのか？　のちに監督が言うようにブランドか？　それとものちにブランドがほのめかしたように監督か？　撮影が始まった。服を着たマリアとブランドが床に横たわっている。突然、ブランドがあなたをうつぶせにし、あなたのジーンズを下ろした。バターの塊を手に取り、尻の割れ目でゆっくりと手を動かし、自身の体を押し付けた。あなたはもがき、叫び、泣いた。けれども、ブランドの体に押しつぶされ、逃げることはできなかった。ベルトルッチはあなたの恐怖と怒りをカメラに捉えた。それは一テイクのみの撮影だった。「いいぞ！」と監督は言った。決して長い時間ではなかった。けれども、あなたには永遠に感じた。ブランドが力を抜くと、あなたはすぐさま飛び起きた。その目は涙で曇り、憎しみと殺意に満ちていた。怒り狂ってセットを壊し、カーテンを引き裂き、花びんやランプを割り、床に物をたたきつけた。そして楽屋へ逃げ込んだ。もはや動けず、放心状態だった。けれども、監督にとって、そんなことはどうでもよかった。これ以上ないシーンを手に入れたのだ。「マリアは私に向かって叫んだ。マーロンや男たちに向かっても」ベルトルッチはこのときの撮影について、何年も経ってから冷ややかに語った。

あなたは打ちひしがれたまま、すべての撮影を終えた。あのシーンが一生自分についてまわることになるとわかっていた。まるであとになって隠したくなっても消せないタトゥーのように。アナルセックスが実際には行なわれていないことなど、さほど重要ではない。あなた自身が犯され、汚《けが》されたように感じたのだ。あなたは、脚本に存在しないシーンは編集の段階でカットを要求できるということも知らなかった。弁護士を呼び、プロデューサーを訴え、強制的にカットさせることもできたのだ。けれどもあなたは若く、孤独で、そんなアドバイスをくれる人はいなかった。映画界のルールや法律について何も知らなかった。完璧な生贄《いけにえ》だった。

公開前から作品の噂は世間を駆けめぐっていた。ベルトルッチの過激な作品、名優マーロン・ブランドの復帰作、ナイトクラブの常連しか知らなかった妖艶で挑発的な新人女優の官能的な映像――クリスマス前に行なわれた試写会は危険な香りが漂っていた。人々は席を求めて劇場に急いだ。冒頭のシーンから、会場のなかはすでに不安で凍りついていた。ジャン＝リュック・ゴダールは開始一〇分で、激しい音を立てて出て行った。「おぞましい！」と怒鳴り、激怒し、憤慨していた。外で待つことを選んだあなたには、その声は聞こえなかった。あなたはジーンズにブーツ、体を温めるには薄すぎるコートを着て立っていた。寒さで感覚を失わないように歩道を行ったり来たりして、足踏みをしながら、自分のところまでは届いてこない評判をうかがっていた。試写会が終了した。劇場をあとにする観客たちは一様に静まり返り、気まずそうな顔をしている。人々はあなたの前を素通りして行った。寒空のもと、歩道の端で次から次へと煙草を吸うあなたにたとえ気づいたとしても、見なかったふりをして去って行く。そんななか、唯一立ち止まってくれた人がいた。ジーン・セバーグだ。アイオワ州立大学出身の彼女はあなたの一四歳年上で、あなたの褐色の髪と同じぐらい完璧な金髪だった。一方、あなたは親譲りの職業を選んだ一人の娘にすぎなかった。あなたは、オットー・プレミンジャー監督の『聖女ジャンヌ・ダーク』『悲しみよこんにちは』、ジャン＝リュック・ゴダール監督の『勝手にしやがれ』、ロバート・ロッセン監督の『リリス』、ロマン・ギャリの作品などジーン・セバーグの出演作は何本も観ていた。きっとあなたは知らなかっただろうけど、二人には共通点があった。セバーグは一二歳のとき、マーロン・ブランドの演技に感銘を受けて女優を志したのだ。彼女は長いあいだあなたを抱きしめ、その腕があなたの細い体を包んだ。彼女はもう昔の姿ではなくなっていた。それでもあなたは「いまでも美しい」と心のなかで思った。セバーグの華やかなキャリアはすでに過去のものになっていた。一九六〇年に『勝手にしやがれ』でジャン＝ポール・ベルモンドの相手役パトリシアを溌剌《はつらつ》と演じた彼女は、数々の悲恋と底知れぬ苦しみからアルコールに溺れていった。ヌーヴェル・ヴァーグのアイコンは、もはや低予算の小さな作品にしか出演しなくなっていた。作家のロマン・ギャリとは離婚し、『ラストタンゴ・イン・パリ』公開の二年前、生まれたばかりの娘ニナを亡くしていた。その後、自殺未遂を何度も繰り返し、病んで隔離されてぼろぼろになり、薬物をはじめさまざまな依存症を抱えることになる。そして一九七九年九月、パリ一六区の路上で、自身の白いルノーの後部座席に裸のまま毛布にくるまれ、遺体で発見されることになる。

その夜、あなたはジーン・セバーグと会ったのは初めてだったけれど、あなたは彼女の体のぬくもりに親しみを感じた。その体はがりがりに痩せた若者のようでもあり、怯えた鳥のようでもあった。彼女はあなたの茶色くカールした髪に顔をうずめ、耳元でこうささやいた。「踏んばってね」

一九七二年一二月一五日、『ラストタンゴ・イン・パリ』は公開初日を迎えた。検閲の結果「一八歳未満禁止」に指定され、人々の関心をさらに引きつけた。作品は瞬く間に一大スキャンダルを巻き起こす。イタリアでは裁判にまで発展し、国中で大論争となった。カトリック教徒は抗議し、左派は表現の自由がないがしろにされ、踏みにじられているとして不快感を示した。作品は熾烈な論争のシンボルとなっていく。「モラルを重んじる人」対「創造の自由を主張する人」、「臆病すぎて映画を受け入れられない人」対「無意味な批評を並べるだけの人」といった宿敵の対立も生まれた。イタリアの裁判所はベルトルッチ、ブランド、シュナイダーに執行猶予付き懲役二カ月の判決を下し、映画のプリントは処分された。けれども、監督は勝ち誇っていた。人々がこの話題に夢中になり、バーやレストランでは意見が飛び交い、芸術家だけでなく政治家のあいだでも激しい論争が繰り広げられているのだ。さらに政治的な背景も加わり、この作品だけの新たな世界地図が描かれていく。旧ソ連やフランコ政権時のスペインなど独裁政権下の国々では上映禁止となり、民主主義国家では上映が許可された。ニューヨークでは最初は一館のみの上映で、席を取るには一週間前に予約しなければならないほどの人気だった。アメリカでの試写会に出席したマリアは、拍手喝采を受け称賛された。そうやって成功の味を知ったものの、常に何かを警戒していた。その状況をどう受け止めていいのかわからなかったのだ。いったい何が起きているのか、なぜ罵倒されたり、称賛されたりするのか。あなたは二〇歳だった。たった数週間で世界中に名が知れ渡ったものの、あなたはそのときすでに、この役が夢の終わりを宣告することになると予感していた。

あなたの人生が大きく変わり始めたとき、あなたはブリジット・バルドーから、もう自分は映画に出ないと告げられる。バルドーにとって映画はすでに過去のことであり、もはや未練はなかった。人間よりずっと価値がある動物愛護の活動に身を捧げるつもりでいた。あなたはその言葉に驚きはしなかった。不安を感じながらも、彼女の決意が固いことはわかっていたので、あえて反対もしなかった。バルドーは、パリの街にも飽き飽きしていた。家族でバカンスに訪れていた子供時代の思い出の港であり、成功を収めたロジェ・ヴァディム監督『素直な悪女』の舞台でもあるサン＝トロペに居を移すつもりでいた。一九七三年、それまでバルドーの自宅に居候していたあなたは、ポール・ドゥメール大通りの彼女のアパルトマンを去ることになる。

『ラストタンゴ・イン・パリ』の公開は、あなたの家族を不安と極度の恐怖に陥れた。あなたの異母弟で六歳年下のマニュエルは、父ダニエル・ジェランにこう問いただした。「みんながあの映画の話をしてる。あれはパパの子だって」「違う。ただの新人女優だ」と父は答えた。

私の家では、あの映画の話はしなかった。絶対に話題にしなかった。あなたの前だけでなく、あなたがいないときでも。〝タンゴ〟は、近づいてはいけない禁止区域だった。初めてあの映画に関するフレーズを耳にしたのは園庭でのことだ。男の子たちが笑い転げながら、まるで平手打ちするように私に向かってこう言い放った。「バターをくれ！」最初は気にしなかったけれど、いきなり言われて何とも不思議な気分がした。そして、同じことが毎日のように続いた。当時五歳か六歳だった私は、何を言われているのかさっぱりわからず母に質問した。「映画のせいよ」と母は困ったような顔をして、「お願いだから気にしないでね」と付け加えた。

あのシーンはマリアの一生の重荷となった。生涯にわたって趣味の悪い冗談や露骨な嫌みに耐えなければならなかったのだ。レストランでは、店員の男が嫌がらせのようにバターをすすめ、ウィンクをしてくる。飛行機では、添乗員の女性が頼んでもいないのにトレーにバターを載せて持ってくる。ローマでは、ルネ・クレマン監督の『危険なめぐり逢い』の撮影中に街角でののしられた。屈辱を味わい、ショックを受けるようなことが繰り返された。新聞には「マリアがローマでバターを」という見出しが載った。乳製品のメーカーのなかには、冊子にあなたの写真を載せる会社さえあった。こんなふうに信じられないような精神的暴力を受けても、あなたはつくり笑いで痛みを隠しつづけた。「もう料理にはオリーブオイルしか使わないの」と、嫌みには嫌みで返した。公開から三〇年以上経ってまだ話題にされても、あなたがユーモアを失うことはなかった。でも、そもそもマリアが夕食の席で相手を大爆笑させるようなユーモアの持ち主であることを、みんな忘れてしまっていた。

「我々はマリアを愛せるのか？」一九七二年、マスコミはこの問いをあらゆる角度から検証した。けれども、満足な答えは見つけられなかった。フェミニストたちは作品を激しく糾弾する。彼女たちによると、これは明らかに度を越した作品で、物語は性の自由を象徴しているとはいえ、その覆いの下に女性の自己喪失と、男性の欲求への完全服従が隠されている。さらにマリアの若さ、まだ子供っぽい頬、そして、自分が何をしているのか、何を期待されているのか、犯されようとしているのではないか、と混乱に満ちたまなざしについて指摘した。また、主人公の男女の三〇歳近い年の差や、ほとんどのショットでマリアが裸であることを非難した。ブランドは服を着ているのに、彼女は裸で、お尻、胸、陰部、ヘアがさらされていると。「ブランドは裸を嫌がっていた」とのちにベルトルッチは語っている。作品に関する記事は、不安に満ちあふれていた。どこからともなく現れた、まだ未成年のこの娘は、あんなふうに世間にさらされるのを本当に望んでいたのか？　話題となった例のシーンでは、強引なアナルセックスが行なわれ、マリアの叫び声が響き渡る。当時は、あの撮影が強制だったとは誰も知らなかった。けれども、演技とは思えないほどの抵抗と、明らかに悲痛な叫びを画面から感じ取っている人たちもいたのだ。

女性誌はこの作品の扱いを決めかねていた。マリアの美しさやボリュームのあるくせ毛、惜しげもなく披露された裸体から発せられる挑発的な香りに、抗えないほどの魅力を感じていた。一方で、惹かれつつも、不安を感じずにはいられなかった。マリアの黒い瞳には、嵐の前の暗雲のような悲しみと危うさが宿っていた。まるで大災害の予兆のように。週刊誌『エル』は、意見を述べる代わりにフェミニストたちの批評を掲載し、何とかしてマリアに直接インタビューができないだろうかと画策した。自らの性と苦悩と色情をあらわにしたこの新人女優を見過ごすわけにはいかない。誰もがこの女性がゴシップ欄を賑わしつづけると直感し、あまりにも大胆で、過ちを罰せられた美しすぎる娘の呪われた物語を予感していた。

『エル』誌が最初にマリア・シュナイダーについて書いた記事は、あなたが亡くなってから見つかった。私は別荘に行くと決まって、退屈をまぎらわそうと古い雑誌のページを一心不乱にめくったものだ。けれども、母が別荘に保管していたその雑誌の山にも、『エル』を見たことはなかった。革命を志す父から禁欲を強いられていた時代に、どうしてその号の『エル』だけがこの別荘に紛れ込んだのか、母があの夢のような世界を受け入れたのかどうかはわからない。『エル』を読むことは、当時は不良の証であり、享楽と軽薄さの象徴だった。そこには私たちの知らないことがすべて載っていた。モード、太陽の下でのバカンス、地中海、美容クリーム。けれども、父が属していた組織の確固たる目的は、世界を変革することだった。リビングにはベトナム独立同盟会《ベトミン》の栄光をたたえる大きなポスターが貼ってあり、楽しんでいる場合ではないと感じさせられる。棚の上にはオートバイのヘルメットやこん棒など、警官と衝突するための完璧なデモ隊のグッズが置かれていた。おもちゃは木か布製で、闘争を支持している遠い国々からやってきたものばかり。プラスチック製の武器や、モノとしての女性を象徴しているバービー人形は我が家では禁止だった。寝る前の読み聞かせは中国のお話だった。いざというときのために、父は中国語を学んでいた。草原で行き場を失った小さな羊飼い、雪に埋もれてさまよう羊の群れ、飢えと寒さ、死が迫る。けれども、最後には偉大な指導者である毛沢東が子供たちを助けにくるのだ。夕食は納屋で見つけた古い作業台で食べた。その台は、虫に食われた脚の部分をノコギリで切り落としてあったので、低くてひどく使いにくかった。庭では果物や野菜を栽培した。でも誰も家庭菜園の才能を受け継がなかったようで、畑は早々と駄目になった。家のなかでの話題はいつも政治のことだった。この別荘に集う人々は、誰もが次のデモや来るべき闘争について話し合い、裸足に長髪、派手な色のチュニック、継ぎはぎのジーンズか、すり切れたビロードのパンタロンをはいていた。誰かがギターを弾けば、父はタブラをたたいてリズムを取る。そんな時代だった。

その『エル』が、革命を信じるこうした人々の聖域に入りこみはじめる。そして、男女平等と中絶の合法化、性の自由など左派と同じ価値観を提唱するようになる。この雑誌もタンゴについては立場を決めかねていたけれど、マリアに興味を持たずにはいられなかった。一九七二年の末、ジャーナリストのマリー＝ロール・ブリーは、この問題に区切りをつけようと記事を書いた。記事の冒頭では作品を徹底的にこき下ろした。「卑猥な作品。ここまで後退できるのかという限界まで退行している」「ロンドンのケンジントン・マーケットで買ったキングサイズの毛皮のコートを着た若い女優は、状況がよくわかっていないようだ。幼くて気まぐれなファム・ファタルである」と評した。奔放で自由すぎるとも書かれていた。その記事には大して読むべきところもなかった。あなたがあえて説明しなかったというのに、あなたから聞き出した言葉の断片を無理やりつなぎ合わせた記事だった。そして最後に、マリアはいきなり去って行ったと書かれている。「マリア・シュナイダーはいつも去っていく。おそらく逃げるように」と締めくくっている。この記者に足りないのは洞察力だけではなかったようだ。

『ラストタンゴ・イン・パリ』公開の衝撃波によって、あなたは数週間でぼろぼろになった。まだ二〇歳。待ち受けるものに対して完全に無防備だった。激しい攻撃にさらされ、街なかでは侮辱され、唾を吐かれた。一方でファンには崇められ、将来への扉は大きく開かれ、キャスティングしたい監督たちのあいだで争奪戦が始まる。突然、あらゆるものが過剰にあなたの人生を埋め尽くした。過剰な欲求、過剰な敵意、過剰な非難、過剰な誘惑、過剰な好意、過剰な攻撃。自分を翻弄するこの過熱した状況から身を守るため、藁《わら》をもつかむ思いで、あなたはある一節を心の拠りどころにした。それは「醜いよりは、美しく反抗的であれ」というフレーズだ。あなたは半信半疑だったものの、その言葉を笑いながら繰り返した。襲いかかる苦悩に意味をもたせたかったわけではない。マスコミに仕立てられたスキャンダラスな存在を自ら演じていたのだ。自我はどこか遠くに行ってしまっていた。ずっと遠くに。自分を見失っていた。美しく、反抗的なほうがいいなら、そうしよう。それなら、思い切り神経質になってやろうじゃない。あなたが最初に公の場で語ると、途端にマスコミの餌食となり、同時に周囲を困らせた。若々しい丸みを帯びた早熟な体の背後から、銃弾が放たれつづけたのだ。いま私は記者になったけれど、そのインタビューを読み返すと震え上がる。あなたはフランス映画界の大物である父ダニエル・ジェランを、愛されなかった子の怒りと痛みを込めて報復し始めた。長年あなたを娘と認めなかった父、大役が遠のいていたとはいえあなたの電撃的な成功を見て満足そうな父。あなたはその父を、「息子のグザヴィエに執着する気難しい男」と悪意ある言葉で攻撃した。そして次の標的、マーロン・ブランドを笑いとばした。「ブランド伝説？　くだらない。あの男は自分の老いを自覚していて、いつもメイクを気にしていた。毎朝、探しに行かないと現れもしない。動きは鈍くてトロいし、セリフもいっさい覚えなくてアドリブばかり。撮影の合間には、表向きは元気を取り戻すためとか言って楽屋に戻るの。つまり人格障害の大酒飲みってこと！」何の遠慮もなかった。あなたはあえて、激しいやり方で自分の目の前にあるキャリアをつぶし始めたのだ。記者たちは神経質な笑いを浮かべながらも、驚きを隠せなかった。小娘の毒舌を記事にしていいものかと躊躇する記者もいた。でも実際、あの毒舌はあなたの本心ではなかったと言えるのだろうか？　あなたは世間も何もかもが眼中になかった。どうでもよかった。

著名なイタリア人監督ミケランジェロ・アントニオーニから電話をもらったとき、あなたはロンドンにいた。アントニオーニは、一九六七年に『欲望』でカンヌ国際映画祭のグランプリ（現在のパルムドールにあたる）を受賞し、成功を収めていた。あなたに電話をしたときは、『砂丘』を撮り終えたばかりだった。『砂丘』はアメリカの学生運動と性の解放を描き、ピンク・フロイドが曲を書き下ろしている。アントニオーニは『ラストタンゴ・イン・パリ』を観て、次回作にマリアを起用することを考えていた。あなたはそれがどれほどのチャンスか、どれだけの名誉かわかっていただろうか？　あなたはもうすべてを棒に振るつもりじゃなかったのか？　きっと、あなたは何度も自問して、不安に駆られたことだろう。監督は極秘でマリアをパリに呼んだ。待ち合わせはホテル〈ジョルジュサンク〉。監督はあなたに、どれほど一緒に作品をつくりたいか、その熱意を見せるつもりだった。あなたは荒んだ状態で現れた。たぶん、ドラッグをやっていたのだろう。「その日は朝の五時に寝たの」と、あなたはのちに『エル』誌のマリー＝ロール・ブリーに語っている。「チックの症状がひどく出ているご老人の前に座って、どうでもいい世間話をした。彼のことは尊敬していたけれど、別に何とも思わなかった」あなたは何が起きているのか、それが何の話かわかっていたのだろうか？　あなたはいきなり、「買い物に行かなくちゃ」と監督に言った。この〝チック症のひどい老人〟は、では一緒に行こう、と答えた。突然の散歩につきあいながら、あなたを飼いならしたかったのだろう。けれども、あなたは断ってさっさと帰ってしまう。まるで厄介な家来に対するかのように、監督を歩道に置きざりにしたのだ。あなたは早くその場を去りたかった。「だってすごく眠たかったから」とのちに語っている。

ダニエル・ジェランはマリアを娘として正式に認知することを決めた。自身の選によるアンソロジー『Poèmes à dire（伝えるべきポエム）』をセゲルス社から出版したころのことだ（『ラストタンゴ・イン・パリ』の公開より五年前の一九六八年に出版）。彼は演劇や映画と同様、詩にも情熱を傾けていた。サイン会に一緒に出てほしいと言われたあなたは承諾した。父の頼みに「ノン」とは言えなかったのだ。本が山と積まれたプラスチックのテーブルの後ろで、あなたは父親の隣に座る。その場にはカメラマンも呼ばれていた。マリアは白いデニムのジャケット姿。前髪が額を覆い、艶やかで豊かな髪が胸元まで伸びていた。ノーメイクでもとても若々しく、頰はふくらみ、愛らしい唇をしていた。そのころすでにドラッグを知っていたかもしれないけれど、見た目にはまったくわからなかった。その日の写真には、父が娘に何かを説明している様子が写されている。父はあなたの目をのぞき込み、あなたは内気な様子でじっと話を聞いている。その目は果てしない悲しみに満ちていた。

あなたは二一歳、ロンドンでアントニオーニの新作を撮影中だった。〝チック症のひどい老人〟は諦めることなく、何度もあなたを追いまわし、出演を懇願した。あなたは甘やかされた子供のように文句を言いながら、しぶしぶ承諾した。相手役はジャック・ニコルソン。マーロン・ブランドとの共演を終えたマリアの足元には、猛スピードでレッドカーペットが敷かれ、世界的キャリアへの道が開かれていく。メディアはこの映画を「今年で一番謎めいた作品」と紹介した。タイトルはベールに包まれたままで、予算三五〇〇万ドルの大規模な作品だった。

『エル』誌のカトリーヌ・ラポルトがパリからインタビューにやってきた。あなたにとって、いわゆる「一問一答」形式での取材は初めてだった。周囲は、記者を信用しないようにとあなたに釘を刺した。誰もあなたに、あなた自身が爆弾だとは言えなかった。暴言だけは吐かないでほしいと言われたあなたは、「ええ」「約束するわ」「わかった」「問題発言はしない」と答えた。「もう何も言わない」と付け加えてもよかったかもしれない。そしてあなたは、記者を相手に、つかみどころのない答えを繰り返した。質問に対して沈黙するか、「うー」とか「あー」とか言うか、答えるとしても数語のみ。記者がインタビューに選んだ時間も悪かった。時刻は朝の一〇時、場所は撮影中に宿泊していた〈ラッセル・ホテル〉。あなたは一人の女性を連れて現れた。

自分がさらなる問題発言をして、考えずに投げやりに答えてしまうのを恐れていたからだ。女性の名はジョアン・タウンゼント。当時マリアが付き合っていたアメリカ人女性だ。あなたは一二週間に及ぶ撮影に疲れ果てていて、骨の髄まで薬物にむしばまれていた。記者はあなたの状態に気づいていたのだろうか？　いずれにしろ、記者はそのことには触れず、ただ『ラストタンゴ・イン・パリ』のときより一〇キロも体重が落ちている理由を聞いた。「疲れてるの」とあなたは答えた。ドラッグで朦朧としていたこともあるけれど、この一年で相手を挑発しても何の意味もないと悟ったうえでの答えだった。これからは、公の場で誰のことも悪く言わない。誓うわ。もう自分のことも話さない。

記者はインタビューを始めて数秒で、これは手を焼くなと感じたことだろう。けれども、質問を重ねるうちに、マリアがリラックスしてきて、素直に答えるかもしれないという淡い期待を抱いていたに違いない。

「女優という職業は好きですか？

――これは別に仕事じゃない。

オフのときは何をしている？

――ぶらぶら。

撮影中は？

――それもぶらぶら。
読書は好きですか？
――本は読まない。
今後やりたいことは？
――さあね。
役に入り込むタイプ？
――私は誰でもない。
いまはリラックスしている？
――あなたはどう思う？
インタビューは嫌い？
――嫌い。話すことは何もない」

普通ならこの気まずい出だしに心が折れるところだ。しかし、その女性記者はしぶとかった。世界的スターの独占ネタをつかもうと、わざわざ英仏海峡を渡ってきたのだ。諦めるわけにはいかない。

「世間はもっとあなたのことを知りたがっています。

——私の映画を観て。それ以外は大して重要じゃない。

映画はよく観ますか？

——どうかな。

あなたは素直に映画を観るタイプですか？

——普通だと思うけど、シーンによっては、カメラのアングルや特に俳優の動きが気になることもある。

やっぱり。あなたは演技に対して真剣ですね。

——そうかも。

撮影中は、気分にムラがありますか？

——いろんなときがある。

人生に何を期待しますか？

——何て質問なの！　何も期待してない。その日その日を生きるだけ。

それはつらいのでは？

——ときどきナポリでバナナ売りでもやりたくなるわ。

自分を表現するのは苦手ですか？

——すべては言葉の問題。説明できるだけのボキャブラリーがないの。

二一歳になって満足ですか？

——どうだっていい。

『ラストタンゴ・イン・パリ』については？

——みんなが一緒に何かをやる映画。

マーロン・ブランドは？

——とてもとても強い存在だった。それだけ。

ロンドンに家を買ったと新聞で読みました。

——その記事は読んでない。一年間、ホテル暮らしよ。

いまの暮らしは好きですか？

——別に特別じゃない。ただの環境よ。

自分の居場所を持ちたいとは？

——あるときは「ウィ」、あるときは「ノン」。何かに集中するのが苦手だから。でもきっといつかは……」


「マリアは何とか答えなくていい方法を探していた」失敗に終わったインタビューを悔しがり、記者はそう記した。見事な敗北で、普通ならこんなインタビューは掲載を断念するはずだ。けれども結局、記事となって発売された。さらに、撮影時の様子として、一枚の写真が添えられている。教会の前のような階段に、二〇人ほどが座っている。マリアは一番前にいて、その隣には、長髪で、パンタロンにサンダル姿の男か女かはっきりとはわからない人が、膝を抱えて腕に頭をうずめて眠っているように見える。あなたは珍しく撮影の衣装と思われるワンピースを着ている。私はジーンズをはいているあなたの姿しか見たことがなかったけれど。ワンピースの裾からはあなたの細い二本の脚がのぞいている。足元は黒い布のバレエシューズで、繊細な足首にリボンが巻かれている。あなたはふくれ面で遠くを見つめて、左手で頭を支えていた。まるで自分の頭が重たすぎるかのように。

マリアはそこにいた。でも、すぐにもうそこからいなくなった。ロンドンにいたかと思えばモロッコへ、ロサンゼルスへ、そしてローマへ。いったい、いまどこにいるのかわからない。街から街へ、ホテルからホテルへ、海を渡り、呪われた映画で稼いだお金を湯水のように使った。友人に配り、密売人に支払い、欲しがる人に無分別に与えた。洋服を買い、飛行機に乗り、ディスコで出会った人たちに酒をおごった。お金は消えていき、あなたは自分自身を見失ったまま夜を過ごした。男でも女でもかまわずついていった。あなたが「超かっこいい」と気に入って二カ月後に捨てた一九歳のパキスタン男性、ジャンキーのアメリカ人写真家の女性……。記者に詰め寄られると、あなたはいつだって自分の私生活についてあけすけに語り、足早に去って行った。発言に慎重になるという誓いはそれほど長くは続かなかった。結局、世間が知りたかったのはマリア・シュナイダーという女性の性生活だった。「一人に尽くすなんてまっぴらよ。破滅的だって非難されるけど、そんなことない。だって、私は人生も男性も女性も愛してるもの」そうやって自己を正当化していった。あなたは何にも誰からも縛られず、すべてにおいて自由だった。たったひとつ、ヘロインを除いては。静脈に注射するヘロインの量は、日を追うごとに増えていった。あなたはのちに、あの映画の公開時にはすでにヘロインを使い始めていたと告白している。

　マリアが姿を消した。親戚たちは気が気ではなかった。私の家のダイヤル式電話の向こうから、マリアの消息を案じる親戚たちの声が聞こえてくる。私たちも、叔父やいとこや知人たちに電話をかけまくった。マリアはどこ？　ところが、あなたは何の前ぶれもなく突然姿を現す。そういうとき、母は、学校からの帰り道に「今日はマリアがいるわ」と教えてくれた。毎回、あなたがどんな状態で現れるのか見当がつかなかった。興奮しながら陽気に最近のパーティーや旅行や新作の予定について話してくれたかと思えば、急にふさぎ込んだり、眠りに落ちたりする。私は、どうしてマリアは昼間から、父のつくった長椅子の黒いマットレスの上でインド布のクッションに囲まれて眠っているのか理解できなかった。ドラッグを打ったあなたは長椅子に倒れこんだまま、不思議な体勢で眠っていた。濃い色の巻き毛があなたの顔を覆い、だらりと垂れた腕に付けられた、ロンドンのマーケットで買ったエスニックのブレスレットがカチャカチャ音を立てることもない。私は何か安心できるようなことを言ってほしくて母の目を見た。マリアは死んでないよね？　死なないよね？　でも、口には出さなかった。どうしても言えなかったのだ。まだ幼い私は、自分の頭のなかによぎった言葉の重みにぎょっとして、その言葉を胸の内にしまっておいた。けれども、母はわかっていた。母はいつだってお見通しなのだ。悪意と嘘と悲しみに満ちた環境で育った母には、幼い女の子の心に宿る不安が手に取るようにわかる。「起きるから心配しないで。ドラッグのせいよ。目を覚ますわ」そう言って母は、オレンジ色のプラスチック製の家具と紫の肘掛け椅子が置いてあるキッチンに私を連れて行った。白いテーブルの上には、コップ一杯のミルクと毎日オーブンで温めてくれるパン・オ・ショコラが待っていた。母自身は、あまり学校に通ったことがなかったけれど、私にはその日の学校の様子を聞いてきた。それから私は子供部屋に行き、机で宿題を始めた。宿題を終えて母にすべてチェックしてもらうまで遊んではいけないというルールだった。それからお風呂。夕食はいつも同じ時間で、読書や寝る時間も決まっていた。狂気や不幸がすぐそこにある環境だからこそ、母は習慣や厳しいルールにすがって生きていたのだろう。まるでそこから外れたら、すぐにカオスに飲み込まれてしまうとでもいうかのように。

あなたはまだ三〇歳にもなっていなかったころ、精神錯乱や禁断症状など薬物依存症の治療で有名なパリのサンタンヌ病院に入院した。そこでは薬物の過剰摂取からの回復治療や化学的に薬物を断《た》たせる治療が行なわれていた。多量の薬を投与して患者を衰弱させることもあれば、ときには患者に対して身体拘束を行なったり、電気療法を用いたりすることもあった。私の親族は全員、病院の内部をよく知っていた。私たちは、蛍光灯の光る迷路のような白い廊下を、病室から漏れてくる叫び声を耳にしながら、せわしなく移動した。医師や看護師たちの名前も自然に覚えた。マリアは毎日四グラムのヘロインを摂取していたため入院は長期にわたり、有名人だったおかげでＶＩＰ待遇だった。聞くところによると、生死をさまよったアメリカのセレブだけが受けられるという、血液をすべて移し替える治療まで行なわれたらしい。私は当時八歳にもなっていなかったけれど、そうした大スターのような扱いをかっこいいと思っていた。

その日のあなたは、治療の効果が出ているようで、病室のなかで穏やかに見えた。また絵を描きたくなったのか、私の母にパステルを持ってくるように頼んであった。私の母が両手いっぱいに画材を持って病室を訪れるのを見たあなたは、にっこりした。実はその前に、あなたは自分の母親に同じことを頼んだものの、彼女は古いクレヨンを数本、ナイトテーブルに置いていっただけだった。マリアは「これ見てよ」と悲しそうな目で私の母に言った。明らかに怒りをこらえている。そしていつものように、窓の格子、錠のついた扉といったこの閉鎖的な部屋に耐えられないと文句を言った。息苦しかったのだ。母が帰るとき、あなたはいきなり表情を硬くして、ただこう叫んだ。「殺してやりたい！」

生気を失ったマリアは、温かな手を求めていた。すると、その日、フレデリック・ミッテランの手が差しのべられた。でも、あなたはいかにもあなたらしく、舞い上がったりせずに、何が起きているのか気にも留めないふりをした。本当はとても誇りに思っていたのだろう。フレデリックとマリアは、生きてきた世界こそまったく違うけれど、二人とも敏感でデリケートな魂の持ち主だった。彼の父親は理工科学校《エコール・ポリテクニーク》出身のエリートで、叔父はのちに大統領となるフランソワ・ミッテラン。フレデリック自身はパリ政治学院《シアンスポ》を卒業し、大好きな映画やパーティー三昧という放蕩な生活に身を投じた。一九七一年には教師の道を捨てて、パリ一四区の映画館〈オランピック〉を買い取る。のちにチェーン展開されるアート系映画館の一館目として、他では上映されない傑作や、過去の名作、インディペンデント系の作品を紹介し、シネフィルたちを魅了した。そこには、社会の周辺で生きる人々、たまにドラッグをやる人から生粋のジャンキーまで、ありとあらゆる薬物使用者が集まり、自然とクスリの密売と幻覚や幻聴の場となっていた。また、昼間にその劇場で案内係として働く若者たちは、夜にはその日稼いだ数フランを持って、ナイトクラブ〈ル・パラス〉に繰り出した。世界は夜になると、そもそも住む世界の違う人たち、昼間なら出会うはずのない人たちが集う小宇宙へと変わる。たとえお互いに誰なのかわかっていたとしても、言葉を交わすことはない。夜とはそういうものだ。

ある秋の土曜の午後、マリアはこの劇場で初めてフレデリック・ミッテランに声をかける。フレデリックの記憶によると、あなたは「ひとりで、完全にハイだった」という。あなたは彼にタクシー代を貸してほしいと頼む。彼のほうはもっと助けてあげたかったけれど、タクシー代だけでいいと断られた。でも、彼はその言葉を信じなかった。あなたが「見るからにひどい状態」だったからだ。「何者かがパリ中をさまよって、見知らぬ人にちょっとしたことを頼んでいたら、助けを求めているサインだ」と、のちにフレデリックは記している。「私はタクシー代を貸しただけで、電話番号を聞くことさえしなかった。彼女が出て行くのを見てほっとしたほどだ。その姿があまりに痛ましくて恐ろしかったから」他人の狂気を前にして恐れを感じたとか、誰かの異常な状態を目の当たりにして逃げたという話を正直に語れる人はなかなかいないだろう。私の家でも、あなたからの連絡が途絶えたときやあなたが姿を消したとき、私たちは何度胸をなで下ろしたことか。その安堵感と、あなたをそのままにしておく罪悪感が入り混じったなんとも言えない葛藤を、ミッテランは巧みな言葉で表現してくれた。そのとき彼は、寒くて空虚な世界にあなたを送り出した。「美しきマリア。謎めいて誇り高きあなたは、ふらつきながらお礼を言って、雨の街に消えて行った」あの当時、私たちも、うしろめたさを感じながら、あなたが危険な世界へ去って行くのを引き留めはしなかったのだ。

マリアが家にいると、私の弟は自分の部屋に隠れて決して出てこなかった。そんなときは、弟の食事はベッドの脇にある布製の先住民風《ティピー》のテントに運んだ。弟はいかにも五歳らしい口調で「会いたくない！」とごねた。両親も無理強いはしなかった。そんな弟もトイレに行くときだけは、マリアが廊下でうろうろしていないのを見計らってテントから出てきた。あなたはときどき、弟の姿が見えないことに気づいて「おチビちゃんはいないの？」と聞いてきた。「部屋にいるわ」と母が答えても、ほとんど聞いていなかった。頭のなかはすでに別のことでいっぱいだった。話したいことがあるの、急いで電話しなきゃ、友達と会うの、もう出かけなきゃ、急ぎよ、いますぐ、大至急……。ある日、あなたは弟がいつもいないことに気づいたのか、「あの子は私が怖いの？」と聞いてきた。その答えはすでにわかっていて、不安だったのだろう。「まだ小さいかららと母はごまかした。するとあなたは、私を膝の上に乗せて「あなたは怖くないでしょ？　怖くないよね？」と聞いた。私はうなずいた。私は小さな手でぎゅっとあなたを抱きしめ、豊かな髪の毛の森を横切って、あなたの首元に顔をうずめた。そして、信じてもらえるように注射針の跡にキスの雨を降らせた。

私は、本当の気持ちを悟られたくなかっただけで、もちろん怖かった。だってあなたはわめき散らし、激怒し、血が出るまで腕をかきむしる。不意に立ち上がったと思えばふらつき、ときには倒れ込み、いきなり死んだように眠り、クスリがキマったまま寝ながら叫び出す。電話の相手とは口論をし、怒鳴ったかと思えば、大声で笑う。あなたのやること、言うこと、動作……。学校からの帰り道や、スーパーの買い物中やメトロのなかですれ違う人たちとは、なにもかもが違っている気がしていた。

私は怖かったけれど、隠れなかった。あなたがここにいるときは、あなたが言うことを何ひとつ聞き逃したくなかったのだ。あなたの話は他の誰のものとも違っていた。マリアの人生に起きることはあまりに特別で、話の種が尽きることはなかった。〈ル・パラス〉や〈カステル〉での夜、ナタリー・ドロンとか有名そうだけど名前を聞いてもよくわからない人たちとダンスをした話、モンパルナス地区での夜遊び。あなたの隣には、同じように子供時代を犠牲にしたエヴァ・イオネスコがいた。エヴァの母親は幼い娘の猥褻な姿を撮影し、その写真で稼いでいた。エヴァは古着のジーンズの上に男の子のような革のブルゾンを着ていた。マリアは周囲と揉めても、翌日、なぜ自分の体にまだら模様の青や茶色のあざがあるのかを思い出せなかった。あなたが住んでいたパリの部屋は空き巣に入られたことがある。ひょっとしたら鍵もかけていなかったのかもしれない。あなたのローマの部屋は、ある日、怒った密売人たちにプラスチック爆弾で爆破された。爆破の話は、まるで新聞記事を読んでいるかのようで、当時の私には強烈だった。「何にも残ってなかった。文字どおり空っぽよ」あなたは少し不安そうな顔をしてから、けらけらと笑った。お金も盗まれた。それも何度も。どこかで失くすこともあれば、誰に貸したのかわからなくなるぐらいお金を人に貸していた。あなたは、汚れた金を早く使い切ってしまいたかった。自分をどん底に突き落とした映画で稼いだお金なんて持っていたくなかったのだ。マリアが家から出て行ったとたんに、「全部ほんとなの？」と母に質問することもあった。母はどう答えればいいのかわからないといった顔で私を見た。母はときどき、マリアの話を怪しんでいるようにも見えた。けれども、そんなことはどうでもよかった。外でのあなたの人生は私たちにとってはあまりに遠い世界の出来事で、私の家のなかでさえ伝説となっていった。

マリアが亡くなった翌日、『リベラシオン』紙があなたの写真を大きく掲載した。写真のなかのあなたは、いかにも性の対象として胸をさらけ出して、動物的な雰囲気を漂わせている。それは『ラストタンゴ・イン・パリ』の撮影時の写真だった。あなたはこんなふうに追悼されるのはきっと耐えられなかっただろう。泣いて怒ったにちがいない。あの忌まわしい烙印を、一生をかけて消そうとしていたのに。私たちだって、こんなやり方は本当に許せなかった。あなたの肉体だけを取り上げてほしくなかった。マリアは、人前にさらされたあの肉体とはまったく別の人間だった。人の死をこんなふうに知らせるなんて。どんな新聞でも、その人が男性だったら追悼記事にヌード写真を載せたりはしないだろう。しかもそれを掲載したのは、他でもない、私たちの、そして私自身の新聞『リベラシオン』だった。一九七三年の創刊号から両親が毎日読みつづけ、子供だった私たちが政治や女性の権利を求める闘いなど多くを学んだ新聞。私がジャーナリストを志すきっかけとなり、実際に一三年間勤めた新聞社だ。いとこのひとりはいまだにそこで記事を書きつづけている。まさかその新聞からこんな扱いを受けるとは思ってもみなかった。

マリアは小さいころ、パステル、フェルトペン、水彩などを使って色とりどりの絵でお話を描いた。幼いころから、浮世絵のようにはっきりとした線で色鮮やかな服を着た男女を描いていた。私はずいぶんあとになってから、あなたが画家だった自身の義父から絵を教わっていたことを知った。私の両親はあなたが描いた作品をすべて取っておいて、あなたにもっと描くようにすすめた。モチーフは、男女のカップル、王女と王子、夫婦、踊り子。ときには映画の撮影風景や現場のセット、演技をする俳優の姿を描くこともあった。そうすることで、ほとんど名前しか知らない父親の世界を愛おしんでいたのかもしれない。墨で描かれた繊細なデッサン、ドレスや中世の男性用のジャケットを何時間もかけて描いた絵など、色がうまく配置された作品が何百枚も残っている。あなたは大人になると、新年のカードやレストランのメニューにも絵を描き、映画の出演の合間にそれを売った。作家のレジーヌ・デフォルジュはその絵に惚れ込み、何枚も購入したという。

でも、あなたは『ラストタンゴ・イン・パリ』のあと、絵を描かなくなった。私の家では、あなたの消えてしまった情熱の名残を保管していた。私は田舎で憂鬱な週末を過ごさなければならないとき、光をさえぎるために段ボールにしまわれたマリアの作品を出してきては眺めたものだ。

私はマリアの絵のある部分に疑問を持った。人物の首はキリンのようにとても長く、モディリアーニの描く女性たちや、ジャコメッティの細長い彫刻のように奇妙で斬新なバランスで描かれていた。母は、ありきたりのルールや単なる趣味のよさを飛び越えるのが真の芸術家だと説明してくれた。けれども私には、この長い首に別の意味があるように思えて仕方がなかった。あなたの描く人物は、他の人よりもっと遠くを眺め、地平線の彼方に広がる秘密を見ようとしているのではないかと思ったのだ。

マリアがいた。学校が終わり、私は弟と通学鞄を背負って校門から出るところだった。私たちにはマリアしか目に入らず、その声しか聞こえなかった。保護者たちのなかにいても、手を高く振りあげるあなたの姿はとても大きく見えた。髪はくしゃくしゃ、蚤の市で買った絣《かすり》のシャツにムトンの毛皮という服装で、シルバーのブレスレットが手首の上でカチャカチャと鳴っている。その日、あなたは私たちを学校に迎えに行こうと思い立ち、「私も行くわ」と言ったのだろう。母はいつものように真っすぐに立ち、パン屋で買ったパン・オ・ショコラの入った紙袋を握っていた。でも私が見ていたのは、それから生徒やその親たち、先生たちが正面玄関までわざわざ見に来たのは、私の母ではなかった。女優が来たぞ、あの大騒ぎになった映画でマーロン・ブランドの相手役だった女優だ。それはあっという間に広がった。その日のマリアは普通の状態ではなかった。マリアをひと目見ようとやってきた人たちが歩道でもみくちゃになった。中流家庭が暮らすこの静かな地区で、美容院で読む雑誌の光沢のあるページでしか見ないようなセレブを目にするのは、決して日常のことではなかった。マリアはじっとしていられず、大きすぎる声でよくわからないことをわめいた。心配そうな保護者たちは、そこにいると危険かのように子供たちを避難させようとした。遠ざかりながらこちらを振り返る子供たちの目には、輝きと怯えが入り混じっていた。見すぎてしまった恐怖と、もっと知りたいという願望。母は静かに「もう帰ったほうがいいわ」とマリアを促した。あなたは意味がわからないといった目で母を見た。自分がそこで何をしているのかすら思い出せないようだった。家に帰ると、弟は自分の部屋に駆け込んだ。マリアは、まるでコマのようにくるくると回りながら、キッチンのなかを歩き回っていた。ずっと何かをしゃべっていたけれど、私には何を話しているのかさっぱりわからなかった。楽しいのか怒っているのかさえわからなかった。母が、水かお茶でも飲む？　何か飲みたいものはない？と聞いた。マリアは「ウィ」とも「ノン」とも答えた。そもそも母の言葉を聞いていなかったし、どちらでもよかったのだ。あなたは、座るようなそぶりを見せたかと思うと立ち上がり、また動きだして、やがて去って行った。「さようなら」ではなく、「またここに来るから」と言って。子供たちが遊ぶと、今度は団地のあいだにあるコンクリートの広場から奇声が聞こえてきた。子供たちが遊び、春になると老人たちが新聞を読む場所だ。窓ガラスの向こうにマリアの踊る姿が見え、わめく声が聞こえた。歌っているのか、泣いているのかもわからない。部屋の窓が次々と開かれ、住民たちが狭い窓枠のなかで頭をぎゅうぎゅうに押し合いながら、首を伸ばして様子をうかがっている。母が私の耳元でささやいた。「何をやっているのか自分でもわかってないのよ」

そのとき、私は明日のこと、学校に行ったときのことを考えていた。注がれる視線、同級生たちのからかいの言葉。あいつは母親が混血で、格好や髪形が変なだけじゃないんだ。頭のおかしい人間のいる家族の一員なんだぞといわんばかりにからかわれることを。

恥ずかしさと誇らしさが同居していた。みんなとは違うという誇らしさ。マリアと一緒にいると、自分が優れているように思えた。自分も、普通では考えられないエピソードを持つ大物たちと同じ金持ちになったような気がした。哀れみの目で見られることはあったけれど、年を重ねるごとに、その目が少しずつ憧れに変わっていることに気づいた。私たち家族は、何かしらのエピソードに満ちていた。そのぶん、他の人の人生はかすんで見えた。平凡な人生を送るその他大勢の人たちに比べると、刺激的な話題に囲まれた自分たちが特別な存在のように思えた。マリアはその普通とは違う私たちの人生に、絶え間なく、しかも得意げに栄養を与えつづけてくれた。例えば、あなたは飛行機のなかでボブ・ディランとセックスをして、乗務員に引き離された。ショックを受けた乗客たちは、着陸したらすぐに二人を訴えると脅した。あなたは私たちにその話を聞かせながら、楽しそうにそのときの乗客の表情を真似た。「頭がかたいのね、アメリカ人って！」当時、ディランはマリアに夢中だった。大したことでもないように振る舞ってはいたものの、あなたは本当はみんなに知ってもらいたかったのだ。ディランがあなたのために書いたという曲も聴かせてくれた。それが本当かどうかをわざわざ確かめる必要があるだろうか。マリアがそう言うなら、きっとそうなのだ。そして、自分の写真がディランのアルバムのジャケットに載っているとも教えてくれた。三三回転レコードのジャケットの裏には、写真がパッチワークのように並んでいた。少しぼやけた人々の顔、パーティーの様子、男女のシルエット、うつむいた頭、遠くを見つめる目……。私は目が痛くなるほどそこにあなたの姿を探した。そして、この豊かな茶色い巻き毛はきっとあなたに違いないと思った。

あなたがいないと静かな日々が続いていく。母は無口な人だったので、声を荒らげたところは一度しか見たことがない。口数は少ないけれど、よく泣いていた。私は、意地悪だと聞いていた祖父母のせいで泣いているのだと思っていた。母は出産を機に仕事を辞め、一日のスケジュールは常に子供中心だった。でも、ダンスのレッスンに足しげく通ったり、精神分析医のカウンセリングに行ったりもしていた。きっとそこで意地悪な両親の話をしていたのだろう。父はとても勉強熱心で、ひとつの職業では満足しなかった。高学歴の高級官僚でありながら、精神分析医、作家、音楽や文芸の評論家としての顔も持っていた。

私は学校では優秀な生徒だと思われ、教師からの評価も高かった。中学では少し不真面目になり、男の子に人気があった。でも、恋人や友人たちとの親密な空間を一歩出ると、情けないほどシャイで積極的に動けなかった。茶色い長髪に顔を隠し、授業中に手を挙げて答えることなど決してない。黒板の前に呼ばれると、激しい不安に襲われる。膝がいまにも崩れ落ちそうで、肩甲骨のあいだを冷や汗が流れ、声も出せなくなった。教室では自分の存在をみんなに忘れてもらいたかった。透明になりたい、注目されませんように、と必死だった。これ以上目立ちたくなかったのだ。もう二度と。

私は幼稚園に通い始めた三歳のとき、突然、肉を食べなくなった。肉の脂を見ると吐き気がして、ハムの周りのリボンのような脂を直視できなかった。フライパンの上のステーキ肉からしたたる血にも耐えられなかった。鶏のささ身だけは大丈夫で、不思議なことに母がつくってくれる、よく焼けた若い雌牛のレバーもときどき食べることができた。私が少食でも両親はあまり気にしていなかった。年を追うごとに、魚、野菜、サラダ類、果物と嫌悪感を抱く食べ物のリストは増えていった。パスタと卵は食べられたので、母は〝卵パスタ〟という料理を編み出してくれた。ゆでたパスタの入った小鍋に卵を割り、黄身と白身をかき混ぜると熱で火が通る。私はそこにグリュイエールチーズを少し削ってかけた。私なりの食生活は、国民教育省の職員にとっては問題だったようだ。両親は定期的に校長に呼び出された。がりがりに痩せた私について、母は〝ほっそり〟という表現を好んだ。校庭ではよく転んだし、体格のいい子にいつもたたかれていた。何度も入院もした。ついには、両親は社会福祉課から呼び出され、虐待や栄養失調を疑われたほどだ。両親はそんな私を心配するというより疑われたことに気分を害していた。いまは違うけれど、父も子供のころかなりの少食だったらしい。私が父に似ただけだ。「小児拒食症」という単語も耳にしたけれど、意味がわからなかった。でもいま考えてみると、当時の私は、ただ親の真似をしたかっただけなのかもしれない。

私は陰気な子供だったわけではない。団地の棟と棟のあいだに広がる石畳やコンクリートの広場で遊ぶ日々が楽しかった。親友のセリアの両親は私の親と似ていた。セリアは隣の棟に住んでいたので、私たちはお互いの家を行ったり来たりした。セリアが私の家に来たときには、必ず玄関のチャイムを鳴らした。けれどもセリアの家は、夜でもドアの鍵は開けっぱなしだった。家族や隣人や友人が好きなときに出入りできる。彼女の家では壁に絵を描くことも許された。部屋をつなぐ廊下に大きな冷凍庫があり、そのなかのアイスクリームをいつ食べても叱られることはない。リビングには巨大な織り機があり、医者であるセリアの父親がカーペットを織っている姿を何度も目にした。キッチンでは、セリアの母が（その母は自分のことを娘にも下の名前でしか呼ばせなかった）、おしゃべりしたい人みんなを招いては、ぬるいコーヒーを出していた。冬になると、セリアと私は毎週水曜の午後に歌手、ルノーのお兄さんの部屋を訪ねた。ルノーは私たちが最初に夢中になったアイドルだ。その澄んだ瞳、脱色した金髪、ガニ股、黒いブルゾンという一風変わったファッションに、当時はみんながしびれていた。ルノーの曲には、当時のフランスの若者の姿が歌われていて、生意気なパリっ子たちのスラングが多用されている。ルノーはこれまでのディスコミュージックやポップスの常識をぶち壊したのだ。彼は私たちと同じぐらい傲慢で、ときにシャイで、よく逆さ言葉でしゃべった。逆さ言葉を使えないと相手にされないので、私たちはそれを使いこなせるように練習した。逆さ言葉を理解する人としない人のあいだには境界ができていた。それは私たちの世代の言語であり、流行を馬鹿にする両親たちのものではなかった。親の世代は言葉で遊んだりはしない。彼らにとって言葉は神聖なものなのだ。

ルノーの兄、ティエリー・セシャンは私たちを親切に迎え入れてくれた。私とセリアは、ルノーのトレードマークである赤いバンダナをもらって、斜めに切り分けて二人で使った。四五回転のレコードを彼に預けておけば、ルノーのサインをもらっておいてくれる。ティエリーは子供たちが次から次へとやってきても、決して嫌そうな顔をしなかった。彼は弟と同じようなファッションで顔も似ていたので、私たちはまるでルノーと会っているような気がした。ティエリーは、兄の自分までもが賞賛のまなざしを向けられることや、スポットライトの一部となることを喜んでいるようだった。ルノーは私たちのものだった。他の人たちのものではなく、自分たちのものだと信じたかった。なぜなら、彼の歌に出てくるHLMは、ティエリーや私たちの住むこの団地のことだったから。あちこちでルノーの曲がひっきりなしに流れる前から、ここに住む人たちは、歌に出てくるシェパードを飼うルノーの義理の兄のことを知っていたし、その男は昔からみんなにひやかされていた。他の曲に登場する人たちにもエレベーターのなかで会っていたし、彼らの子供たちは私たちと同じようにシャトー＝デ＝ランティエ通りの学校に通っていた。私たちにとって、不良っぽい彼らの生きざまはとても身近で、ルノーの歌のおかげでここでの暮らしがみんなの知るところとなった。ルノーがそれを曲にしたのも、私たちが特別だからだと思いたかった。

親たちは、子供たちが団地の廊下をうろついて、親がほとんど知らない人たちの部屋に居座り、ソファでビスケットを食べ、ジュースを飲んでいても平気だった。私たちは縄跳びをしながら、あるいは、まるで地獄にいるかのような音を立てる金属製のローラースケートで滑りながら、棟から棟へと移動した。石畳の上でゴム跳びをするときは、ベンチの間にゴムをかけると便利だった。化粧品店で店員から見本のクリームをもらってベタベタと顔に塗りつけることもあった。私たちがあまりにしょっちゅう来るので、ついには店長から追い出されたほどだ。

セリアも私も絵を描くのが大好きだった。パリの生徒たちを対象にしたコンクールでは二人とも入賞した。セリアが一位で私が二位。そこで、私たちは自分たちが描きためた絵を売ろうと思い立った。セリアの母親は画家で、セリアは私たちの落書きのような絵に大きな価値があると信じていた。放課後になると、お互いの作品に天文学的な値段をつけあった。さすがに身近な人に売るのは気がひけたので、隣人たちへの訪問販売は諦めた。代わりに、昔、ある夜に男か女か知らないけれど誰かが屋上から飛び降りたという噂のある第三棟で販売することにした。ところが、エスカレーターで階を降り、知らない人の部屋のチャイムを押すごとに値段がどんどん下がっていく。私たちの自信はほぼゼロになった。どちらがチャイムを鳴らすかもくじ引きで決めるようになり、最後には一枚数サンチームでたたき売りをした。それでも、一日何フランかは稼げた。そのお金を持ってパン屋に行き、母が〝毒〟と呼んで禁止していた、舌がパチパチする円盤型のキャンディーを買った。家に帰ると、母が言うところの〝人工的〟な息の匂いからすぐに見破られたけれど。

天気がいい日は、広場で遊んだ。親たちは窓からときどき下の様子をうかがう。あちこちの店を見て回ることもあった。マダム・マルアニのクリーニング店の前を通り、学用品を買うキオスクの前でぐだぐだして、スーパーをぐるっと一周する。さらに、公共ラジオ〈メゾン・ド・ラ・ラジオ〉の放送局を小さくしたような丸い建物で過ごしたりした。疲れたときは、セリアの両親のワーゲンバスのなかで休憩した。その車は家と同じようにいつも鍵が開いていて、マットレスが置いてあった。そこに寝転んで、好きな人のことや大きくなったらどんな仕事がしたいか、どんな旅行をしたいかなど、おしゃべりをするのだ。旅行は、免許をとってから、もちろんワーゲンバスを運転してどんなルートを進もうかと想像をふくらませた。

あなたの栄光の時代の記事には、マリア・シュナイダーはダニエル・ジェランと〝ルーマニア人モデル〟とのあいだに生まれた、と書かれている。不思議なことに、当時ルーマニア系の女優であることは有利な切り札だと思われていた。わたしたちの祖母がルーマニア系だっただけだが、そんなことは重要ではなかった。その後、事実ではないことをさんざん書きたてられたことに比べれば、これぐらいの大ざっぱな説明は大した問題ではない。マリアの母親は、シュナイダーの姓を持つ七人兄弟のなかで、唯一の女の子だった。何歳か上には父シュナイダーの〝本物〟の子である兄が二人、下には父親の違う弟たちがいるという、いわゆる複雑な家庭だった。表向きの父親は若くして亡くなった同性愛者のピアニスト、母親はアルコール依存症のバイオリニストで厳しい人生を長く生きすぎた人物だった。もし、七人の子供たちの意見が一致することがあるなら、それは自分たちが育ったのは決して穏やかな環境ではなかったという点だろう。

親族のあいだでは、マリアの母親がモデルだったことは忘れ去られている。覚えているのは、一五歳で妊娠したとか、ただでさえ評判が落ちていた一家の名声を数々の破廉恥な行動でさらに傷つけたとか、ヴァレ＝オ＝ルー公園の邸宅に閉じ込められていたとか、ムランの町の廃墟を裸で散歩していたといった話ばかり。彼女の実の父親、つまりマリアの祖父については、ほとんど知られていない。戦時中にドイツ軍に協力したという疑いをかけられ、みんなから〝汚い奴〟と言われていたようだ。

混沌とした環境ではあったものの、私たちの祖母は、少しは一貫性を持たせようとしたのか、同じ男性とのあいだにたいてい二人の子供を産んでいる。マリアの母には、父親が同じ〝本物〟の弟が一人いた。精神的にもろい人物で、他の兄弟よりだいぶ早く亡くなっている。その弟は素行が悪く、盗みも働き、酒浸り。アルジェリア戦争で抜け殻となり、帰還して数年後に姉の家で命を絶っている。カービン銃で自らの頭をぶち抜いたのだ。

このような家系に生まれたマリアの母も、当たり前のように父親の違う子供を産んでいる。最初と最後の相手は同じ男性で、それなりに有名な才能のある画家だった。マリアは兄が生まれ、弟ができるまでの期間に、既婚者の有名俳優とのはかない関係から誕生した。そして、その俳優が娘を引き取ることはなかった。

私は自伝的小説（ヴァネッサ・シュナイダー著『La mère de ma mère（私の母の母）』）のなかで私たちの親族について語っている。マリアはそのことをこころよく思っていなかった。あなたは、アルコール依存症、精神錯乱、私生児、社会的転落、叫びや怒り、自殺、精神科病院への収容、近親相姦、同性愛といった、この家系にまつわるさまざまな悲劇をあえて他人に語る必要はないと思っていた。あなたはきっと、本書で再び家族のことを語られるのを嫌がるだろう。でも私は語る。なぜなら、マリアと同じように、私にも何をする権利もあるからだ。ここに語ることは、私の物語でもあり、私という存在をつくりあげた、私の一部なのだ。あなたがたと同じように。

働き始めてから数年が経ち、私はジャーナリストとして、さまざまな人の人生を記事にしていた。そして、小さな男の子の母親にもなっていた。活発な息子は、日々新しいことを理解していく。そんな息子の姿に無限の喜びを感じながら充実した日々を送っていた。あの日、マリアと私はストラスブール行きの列車に乗った。ドラッグによるトラブルをはじめ、さまざまな言い争いや修羅場のあとのことだ。TGVがストラスブールまで開通するのはまだずっと先だった。その列車には、叔父と叔母と何人かのいとこが座っていた。父の弟アンリの葬儀に向かうところだったのだ。アンリは、複雑な家庭環境のなかでも唯一父親が不明で、一緒に育った〝本物〟の兄弟もいなかった。まさに〝みにくいあひるの子〟だった彼は、母親から名前を呼ばれることもなく、愛されることもなく、家族写真にも写っていなかった。私は、誰かの葬儀のときにアンリと墓地で会っていたはずだけれど、まったく覚えていない。この親族は、あまりに多くの死に囲まれているから。アンリはパリではなく、フランス東部の田舎で馬に囲まれて暮らしていた。工場の管理職で、妻も子供もいない。アンリについてそれ以外のことはまったく聞いたことがなかった。

二等車の八席ある古い客室の中で、マリアは私の目の前に座っていた。カールした長い髪が痩せ細った肩にかかり、最近、額に現れてきたしわを、扱いにくそうな前髪で隠していた。私たちはとりとめのない話をし、あなたはいつものように辛辣で皮肉たっぷりの冗談を言った。あなたはいつでもそうやって、他人から、そして自らを襲う不安から身を守ってきたのだ。私たちはどんな葬儀なのか、誰と一緒に棺を囲むのかも知らず、少し不安だった。そもそも私はこのちっとも楽しくなさそうな旅から何とか逃れたかったのに、父に力説されたのだ。「それが家族だ。たとえ関係が壊れていても、葬儀で集まるのが家族なんだ」そこまで言われたら、知らない人の葬儀でも出るしかなかった。

駅に着くと、迎えの人たちがいた。あまりに簡単な自己紹介だったので、その人たちの名前はうまく聞き取れなかった。ミサ、埋葬、故人の自宅での献杯と、予定されていたことは段取りどおりに行なわれた。アンリにお別れを言うために、多くの人が集まっていた。彼は私たちが想像していたほど孤独ではなく、たくさんの人に囲まれた人生を送っていたのだ。呪われた存在だと思われていたアンリを慕う友人や同僚がいたことに、私はなんだかほっとした。その場にいた人たちは、訛りがきつくて何を言っているのかよくわからなかったけれど。アンリは大きな家に住んでいた。先週すでに到着していた父は形見分けのためにくじをつくっていて、みんなで教会のお祭りのようにくじ引きをした。私が当たったのは彫刻の入った銀製の魚のコレクションだった。とても高価なものだと誰かが耳打ちしてくれたけれど、ちっとも美しくないデザインの魚にげんなりした。あれから一五年以上経ったいまでも、ビニールの袋に入れて、棚の奥にしまわれたままだ。

アンリの葬儀にはマリアの弟のエリックも来ていた。私はエリックに会うのは初めてだった。彼は私たちと同じ列車で来たわけではなく、小さな宴のときに現れた。エリックの登場で私はいたたまれない気持ちになった。感じはいいけれど落ち着きがなく、テンションの高い神経質な男だった。しつこくみんなに付きまとって話す内容もつまらなかった。いとこたちは何となくブッフェの周りに集まり、少しは気分が上向きになるのではという、ありえない期待を抱いてアルザスワインを急ピッチで何杯も飲んだ。なかでも一番しゃべっていたのがエリックだった。みんなに会えて嬉しいと何度も繰り返し、騒々しい声で、自分たち若者だけで数日間バカンスを過ごそうじゃないか、と言い始めた。「こんなふうに集まれるのは〝マジで最高〟だよ。これ以上バラバラにならずに、もっとお互いのことを知ろうじゃないか。ヨットを操縦できるからクルージングもいいな。海が大好きだから任せてよ」私たちは少しとまどいながらもうなずいた。傷つきやすそうな人に見えたし、ひとりで盛り上がっている彼に誰も冷や水を浴びせる気にはならなかった。すると、いとこのひとりが私の耳元でささやいた。「海の真ん中であいつと船に乗るぐらいなら、死んだほうがましだな」私たちは少し困った顔をしながらもにやにや笑った。

エリックの訃報を聞いたのは、それからしばらく経ってのことだ。散歩の途中で、あれほど愛した海に向かって断崖から身を投げたのだ。

その日の午後、アルザスで家族の墓に新たな名前が刻まれたとき、誰もそこに泊まるつもりはなかった。口には出さなかったけれど、私たちのもっぱらの心配は帰りの電車を逃さないことだった。駅まで送ってくれる親切な人を探すと、何人か手を挙げてくれた。私は車の後部座席にマリアと身を寄せ合うように座った。特にマリアは一刻も早くここから出たがっているようだった。運転席にいた親戚にあたる夫婦は、私たちを質問攻めにした。お互いがどんな血縁関係にあるのか知りたかったのだろう。いろいろな人の名前を出して、謎のいとこ同士の秘密を解く鍵を見つけようとした。私たちができるだけ角が立たないように質問に答えると、そのあいまいな返答のせいで、車内は無言の緊張感に包まれた。私は、あとどれぐらいこの人たちと一緒にいなければならないだろうと思い、窓越しに手がかりとなる地名の標識を探した。けれども、夫婦のほうはこのままで質問を終わらせる気はなかったようで、数分経つと、妻がこちらを振り返り、不安げなまなざしで言った。「つまり、シュナイダー家の人を誰も知らないの？」

私たちはなぜ、みんなと違っていたのか？　両親は親族にはびこる狂気だけでは飽き足らず、七〇年代らしい奇抜さを惜しみなく体現していた。その見た目からは、私たち家族がどんな背景を持ち、どんな社会的地位にいるのかまったくわからなかっただろう。私たちの暮らしは、父の職業や両親ともに資産家の出だという社会的階級から想像できるようなものとはかけ離れていた。団地に住み、父の収入だけで二人の子供を養い、自治体から何かしらの生活支援も受けていた。週末はランブイエの森の近くに拠点を置くコミュニティーのなかで過ごした。バカンスになるとブルターニュ地方の風の吹きすさぶ荒涼とした島で数週間キャンプをし、誰も体も洗わずエアマットの上で寝た。セヴェンヌ山脈の廃墟の村で共同生活を送る友人たちを訪ねることもあった。石ころだらけの小道の先に建つ家々には電気も水道も通っておらず、暑さでまいってしまいそうだった。ときには、母のいとこの家に行った。いとこの夫は指圧療法士で、散歩のときにはいつも、悪いエネルギーと悪霊を追い払う振り子を持って歩いた。いとこ一家はベジタリアンで、乳製品、肉、魚、卵など動物性の食べ物はいっさい口にしなかった。不断草《ブレット》の苦いタルトや毎食出てくる挽き割り小麦のサラダの味をいまでも覚えている。大人たちは、髪の伸び方と満月の影響について語り合っていた。彼らにとっては、特定の日に髪を切り、その髪をすぐに燃やすことが重要だった。さもないと、魔女に呪われてしまうらしい。当時よく会っていたヒッピーたちのあいだでは、超常現象や宇宙への壮大な問いについて何度も議論が繰り広げられていた。けれども、私の父はそういう議論にほとんど興味を持たなかった。父はタカ派の左翼主義者で、結婚や子供を持つことを禁ずる最も過激な毛沢東主義の組織に属していたからだ。父は仲間には嘘をついていたので、闘争の同志のほとんどは私たち家族の存在を知らなかった。それでも私たちは、リップ時計工場の労働者自主管理運動、ラルザック高原での軍事基地拡大の反対運動、石油流失に抗議するデモといったさまざまな闘争に一家で関わっていた。家には、闘争中の労働者の大義を支援するために大量の物品が置かれ、例えば、マドレーヌが入ったたくさんの箱がキッチンの片隅に山積みになっていた。そのマドレーヌがいったいどうやってすべてなくなったのかは思い出せないけれど、私はそれ以来、マドレーヌを食べられなくなってしまった。子供時代は明けても暮れてもデモ、デモ、デモの連続だったが、いまとなってみれば、どのデモも愉快な思い出だ。

母はほとんどの洋服を蚤の市で買い、手作りのアクセサリーを付けて華やかにしていた。色とりどりのスパンコールが施された真鍮《しんちゅう》のブローチ、褐色の肌に輝くビーズ編みのネックレス、ゆらゆらと揺れて縮れた髪に触れるイヤリング。手間暇かけてつくったアクセサリーは店に置いてもらったり、義理の姉や、もちろんマリアも含めた身近な人たちにプレゼントしたりしていた。マリアは母からもらったアクセサリーをとても気に入っていた。弟と私はといえば、スーパーで買った服、世界中の友人からもらったエスニック調のチュニック、ベルベル人やルーマニア人のブラウス、インドのワンピース、ペルーの縁なし帽、デンマークの木靴、派手な色の毛糸にサテンのリボンやラメ糸が混じった家族おそろいの手編みセーターなど、さまざまなものを組み合わせて着ていた。当時の写真を見ると、私たち家族のビジュアルはかなりのものだ。もじゃもじゃの長髪に不機嫌で鋭い目つき、けばけばしい服装。でも本当は、子供のころの私は、その風変わりな服装が大嫌いだった。セーターの丈は合っていないし、履き心地の悪い木靴のせいでくるぶしに傷はできるし、運動場で遊ぶのも危険だった。かけっこやかくれんぼをしても、他の子供たちのように速く走れないので、いつも負けてしまう。重たい木の靴底は、縄跳びやゴム跳びにはもちろん不向きだった。

みんなと同じでいたいという強迫観念に駆られる年齢になると、こうしたささいなことから恥ずかしさが芽生えた。憧れはギャザーの入ったワンピース、ストラップ付きのサンダル、エナメルの靴、キルトスカート。紫やオレンジやピンクといった社会運動のリーダーを象徴する色の代わりに青、赤、黄などの原色の服を着たいと夢見ていた。だいぶあとになって、母は友人たちと同じような服を着ることを私に許してくれた。私の頑固さに負けたのかもしれないけれど、少しお金に余裕ができたせいもあっただろう。それでも私の恥ずかしさは常にどこかに潜んでいた。ふとしたときに、発作のように恥ずかしさが込み上げてどうしようもなくなる。自分は普通とは違うという思いが消えることはなかった。私たちが着ていた服は、見た目以上のものを映し出していた。その服装は人々の視線を集め、私があれほどまでにみんなに知られたくなかったこと、つまり私たちは常軌を逸した家族だということをあらわにしていたのだ。

私たち家族四人の親密さは、自分たちを包囲する狂気から身を守るためのもろい防御線のようだった。同級生たちは、当たり前のように親戚の話をした。普通の家庭ではバカンスの時期になると、多少なりとも感じのいい祖父母、叔父や叔母、いとこたちと集まって過ごすものだ。しかし私と弟にとって、祖父母はいないも同然だった。父方の祖母は、老人ホームで子供たちからプレゼントされたオーデコロンを体につけずに飲み込んでしまい、ゆっくりと意識を失っていった。祖父は父が幼いころに亡くなっている。そして、私たちは受け継ぐべきではなかった姓を受け継いでいた。というのも、父は私生児だったのだ。その兄弟構成はあまりにややこしくて、誰もあえて語ろうとはしない。父は二〇歳のとき、父親だと思っていた人物が実父ではなく、同じ父と母を持つ兄弟は一人だけだと知った。それ以来、〝本物〟の親戚と〝偽物〟の親戚が混在する独自の家系図では、誰が父親かによって境界線が引かれ、その境界ごとの年の差はいっそう際立った。〝偽物〟たちには会わなかった。彼らは〝まともじゃない〟と言われていた。アルコールや薬物の依存症、行方のわからない人や自殺者。たまに彼らのことが話題にのぼった。が、それはたいていが悪い話だった。仲違いをしたとか、さらにもっと深刻な、精神に異常をきたしたとか、壮絶な死を遂げたとか。私は、自分が正確にはどちらに属しているのかわからないまま、

〝本物〟とも〝偽物〟とも病院や精神科の待合室、さらに墓地で顔を合わせた。

この異常な連鎖は終わる気配がなかった。世代から世代へと絶え間なく受け継がれ、誰が死のうとも、上の世代から下の世代へと伝わり、自分の番が来ると人生はめちゃくちゃになる。その影響は配偶者にまで広がり、無邪気にあるいは軽率に私たちに近づいてきた人たちみんなを巻き込んでいった。母方の祖父母のほうも、同級生に語れるようなよい話はまったくない。生きてはいたけれど、一度も会ったことがなかった。母は成人したときに親元を離れ、二度と両親に会うことはなかった。私と弟は、同じパリに住んでいても祖父母の声を聞いたことも顔を見たこともない。祖父母のほうも私たちに会おうとしなかった。「意地悪なのよ」と母は言っていた。そして、マリアは〝本物〟と〝偽物〟のあいだのはっきりとしない領域にいた。もちろん〝まともじゃない〟のカテゴリーには入っていた。それには、それなりの〝理由〟があったのだ。

あなたの病はとても重かった。一年以上前に肺に腫瘍が見つかり、医師たちは悲観的だった。何度か手術を受け、強い放射線治療も行ない、昔の治療法よりさらに効果があると思われる新治療も試みた。あなたは日に日に弱くなる声で「きっと治る」と最後まで繰り返した。体重は減り、あれほど美しかった髪を切り、染めることもできなくなった。治療と止まらない咳のせいで疲弊していた。それでも、きっとよくなると言いつづけた。同じように死を宣告されても回復できた人たちのことを拠りどころにして。あなたがよく話題にしていたセレブたちの名も具体的に挙げていた。パレ・ロワイヤル地区のアパルトマンを出て死期を待つためのホスピスに移っても、あなたは自分が復活することを信じていた。

私たちは、あなたが疲れないように順番でお見舞いに行った。もうあまり食べられなくなっていたけれど、欲しいものを聞くと答えはいつも「シャンパン」。あなたはラベルまで洗練されている有名銘柄のシャンパンを好み、細かい泡と、グラスのカチャカチャ触れ合う音が好きだった。どんな時間であっても、一緒に一杯、二杯とグラスを空けた。そんなときに看護師が来ると、マリアはいたずらした子供のようにさっと布団に隠れる。看護師たちもその小さなやりとりを楽しんでいた。あなたは広くて清潔なその病室を気に入っていた。窓際には訪れた人たちからのプレゼントが置かれていたけれど、包み紙を解いていないプレゼントがいくつもあった。開ける気力もなかったのか、家に持ち帰ることのない贈り物を開けるのは無意味だと思っていたのかのどちらかだろう。なかなか起き上がれなくなってからも、私たちが帰るときには施設の入り口まで見送ると言ってきかなかった。ベッドの上の壁にはスポットライトがいくつもはめ込まれ、真っ白な壁を照らしていた。死の前日、あなたは微笑みながらその照明を指さして言った。「映画の撮影現場みたいね」その目は一瞬、輝きを取り戻した。

ブリジット・バルドーは、どうしてもあなたの葬儀代を負担したいと言った。それに対して親族は何も言えなかった。あなたはよく〝ブリジット〟の話をしてくれたものだった。あなたはただ〝ブリジット〟としか呼ばなかったけれど、それがブリジット・バルドーのことだとみんなわかっていた。ブリジットとマリアは何十年ものあいだ音信不通になっていた。でもあなたは自分がどんな病気かを知ると、久しぶりにブリジットに連絡をしたのだ。あなたは一五歳で実家から追い出され、そのあと一緒に暮らしていた私の両親の家も私の誕生を機に出て行くことになった。そのうえ、居候をしていたポール・ドゥメール大通りのバルドーの自宅からも引っ越さなければならなかったとき、また自分は見捨てられたと感じたのだろうか？　あなたがそのときの話をしているのは聞いたことがない。あなたはつらい時期を決して振り返ることはなかったから。〝ブリジット〟はいろいろな話に登場した。毎週日曜に電話をくれること、贈られたプレゼントのこと。あなたとブリジットのあいだには心地よい絆が再び芽生えていた。ブリジット・バルドーのほうがずっと有名だけれど、ふたりとも同じ不幸を味わっていた。セックスシンボルとしてのイメージがつきまとい、女性というモノとして扱われ、演技の才能は二の次。まさしく、男性上位社会の犠牲者だった。

あなたの死が近づいてきたとき、ブリジットはあなたに、いま一番に何がしたいかを聞いた。あなたは迷うことなく「またモントン＝サン＝ベルナールに行きたい」と答えた。オート＝サヴォワ県にあるアヌシー湖沿いのこの地には、以前、親族の別荘があった。あなたと私の父は、夏になるとそこで過ごしていた。けれど、マリアと私の年が離れていることもあり、私はだいぶあとになるまでその別荘のことを知らなかった。マリアと父の話に出てくるムランとモントンの二軒の家は、シュナイダー家の破産が原因で、私が生まれる前に手放されていた。だから、私は写真でしか見たことがなかった。マリアはきっとアルプスの別荘での美しい思い出を持ちつづけていて、そこを人生最後の旅に選んだのだろう。ブリジットは列車代とホテル代を支払い、モントンへの旅をあなたにプレゼントしてくれた。あなたはまた冗談を言っていた。「ブリジットは車に轢《ひ》かれた犬ばかり助けるのよ」

それは七分一四秒の映像だった。マリアは、俳優や監督がゲストとして招かれるミシェル・ブージュとクロード・ヴァンチュラ製作のＴＶ番組『シネマシネマ』に出演した。普通の番組とは違ってまるで映画のように撮影されたインタビュー番組で、カメラはゲストのありのままの姿を捉えている。酒を飲んだり、煙草を吸ったり、身をかがめたり、違う方向を見たり、カメラのフレームの外へ出て行ったりする姿が映し出される。ゲストが沈黙しているあいだもカメラは回りつづけ、ゲストの感情を捉え、暗転することでインタビューにリズムが生まれる。ゲストは自身について語る映像の出演者となり、リアルがフィクションに変わる。マリアはカフェの長椅子に座って、カメラの目の前にいた。背後には大きな鏡があり、豊かな髪が映っている。その顔からは丸みを帯びた幼さが姿を消し、三〇歳の大人の美しさが備わっている。イヤリングが赤褐色の髪のあいだで揺れていた。あなたはいつものように白いシャツの上に黒いジャケットを着ている。あなたが真っすぐに座っている前にはテーブルがあり、その下にはジーンズをはいた脚が隠されているのだろう。あなたは画面の外にいて姿が見えないインタビュアーに敬語を使わずに話している。一本目の煙草。会話の途中から映像が始まるので、二人の会話を偶然聞いてしまったような感覚に陥る。話題は映画界における男女の不平等について。マリアは〝女性蔑視《ミソジニー》〟という単語は使わなかった。政治的な人間ではないからだ。「男ならもっと楽だったでしょうね。世間にしてみれば、男優は社会の周辺にいる大道芸人にすぎない。でもロミー・シュナイダーの身に起きた悲劇を知ったら、きっと誰もが女優の人生について疑問を抱き始めるはずよ」と語った。暗転、二本目の煙草。「たくさんの役を断ってきた。毅然とした女性の役はなかなかないから。女はいつも男との対比で相手役として描かれるの」そして諦めたように付け加えた。「どの社会でもそうだけど、映画界で実権を握っているのは男よ」あなたは煙草をふかし、その煙が画面を覆う。そして、沈黙。

マリアは女性の地位や、自身の苦悩、自分という人間について口先だけで語ることはしない。この映像の七年前、二三歳のとき、批評家たちがまだ彼女の映画界における輝かしい未来を予測していたころ、デルフィーヌ・セイリグのカメラの前ですでに深いペシミズムを見せている。一九七六年、セイリグはドキュメンタリー『Sois belle et tais-toi（美しく、そして黙れ）』の撮影をスタートさせた。この作品のタイトルはマルク・アレグレが監督した一九五八年の作品『黙って抱いて』の原題『Sois belle et tais-toi』からつけられている。セイリグは、このドキュメンタリーのなかでフランス、アメリカ、イギリスの女優と監督二十人ほどに、映画界における女性の立場についてインタビューをしている。マリアの映像は田舎で撮影され、背後には葉が生い茂り、その姿を飲み込んでしまいそうだ。当時から煙草の本数は多かった。「統合失調症かレズビアンの役ぐらいしかオファーが来ないし、いまはやりたくないわ」マリアは潑剌とした自分を見せたくて、陽気な作品への出演を望んでいた。「もっと軽いタッチの作品に出たいの。『セリーヌとジュリーは舟でゆく』みたいな」一九七四年に公開されたジャック・リヴェット監督の風変わりな物語のことだ。マリアは笑う。そして続けた。「それに同年代の男性と共演したい。ジャック・ニコルソンはマーロン・ブランドよりよかったけど、そういうことじゃないの。彼は四〇歳、私は二三よ。プロデューサーも男、スタッフも男、監督もほとんど男、マスコミも男、脚本を選んで、俳優の方向性を決めて助言するエージェントも男。完全に男社会なの」

そして『ラストタンゴ・イン・パリ』から一〇年後、TVの『シネマシネマ』のカメラの前で、あなたはさらに悟っていた。「この職業はとてもとても危険なの。とってもよ。絶対に若者にはすすめない。体力と健康と頭が必要だから」背後ではコーヒーメーカーがエスプレッソを淹れる音と騒々しいピンボールの音が入り混じっている。三本目の煙草。「小さいころから映画に出たかった?」と聞かれ、マリアは首を振る。「絵が描きたかった。画家になりたかった」集中は途切れ、カフェのなかで流れている音楽に気をとられてこう言った。「ここに手回しオルガンがあるの?」

親族のあいだでは、マリアの女優としてのキャリアが短命に終わってしまったことについて、昔から二つの意見があった。まず私たち家族は、マリアはドラッグのせいで映画界から追いやられてしまったと思っていた。もうひとつの意見は、映画界はいまだに男性がすべてを支配するあまりに残酷な世界だったからというものだ。マリア自身もそこに原因があると頑なに信じていた。そして、誰も口には出さなかったが、みんなが三つ目の理由を頭に浮かべていた。それは、マリアはそもそも映画に向いていなかったということだ。映画のフィルムが実の父と自分を結びつける糸のように思っていたから映画をとても愛したけれど、演じることはそれほど好きではなかったのではないか。というのも、私たち親族はもともと〝プレイ〟が好きではなかった。カードゲームやその他の室内ゲームも、役が決められていても、偶然の成り行きであっても。私たちの人生は厄介すぎて誰か他の人を演じる余裕などなかったのだ。

七分一四秒の映像のなかで、インタビュアーは最後の質問をする。「撮影現場にいるのは好き?」あなたはとまどいを隠すように微笑み、目を伏せた。沈黙はそれほど長くはなかったけれど、私はそこにある種の告白の空気を感じ取った。それからマリアは顔を上げ、強がって、カメラを見ながら突き放すように言った。「好きじゃなかったら他のことやってるわ」

マリアがいた。ソファに横たわっていた。寝ているように見えたけれど、突然、マリアは起き上がった。興奮しているようだ。まるで蚊の大群に襲われたみたいに体を掻いている。自分の肌を力いっぱい乱暴に引っ掻く彼女の姿を見て、傷だらけになってしまうのではないかと恐ろしかった。そのあとすぐに、マリアは鞄を手に取り、出て行こうとした。クスリがきれたのだ。クスリを手に入れるためには売人を見つけなくてはならない。私は両親から何度もそう聞かされていた。マリアは「またね」も言わずドアをバタンと閉めて出て行った。数分後、玄関のベルがけたたましく鳴り、木のドアをノックする音が聞こえた。開けるまでに少し時間がかかった。マリアは激怒していた。昨日買ったばかりのモビレット（ペダル付きの原付自転車）がなくなっていたのだ。その日、マリアは、わざわざ我が家に新しいバイクを見せにきた。私たちは下に降りて新品のモビレットに見とれ、あなたはとても得意げで、私の目もあなたの目もキラキラと輝いていた。青いメタリック塗装とクロムメッキのバックミラーが気に入った私は、世界一かっこいいモビレットだと思った。買ったばかりのバイクを盗まれたマリアは激怒し、その怒りは収まりそうにもなかった。父は「チェーンで固定しないからいけないんだ。ひょっとしたら鍵もつけたままだったんじゃないか」と言った。マリアはそんなことはないと反論したけれど、鍵は見つからなかった。そして、

「何なの、このクソみたいな場所は！」と怒鳴り散らした。おそらくなぜここに来たのかさえ忘れているのだろう。鍵がついていようがいまいが、盗むなんて信じられない、警察に行って訴えてやる、思い知らせてやる、クズどもめ、と。何とかマリアを引き留めようとした父も、次第にいら立ち始めた。もうこんな騒ぎにも、マリアの異様な振る舞いにも、叫び声にもドラッグにも耐えられない。一度でもいいから穏やかな週末を送りたかったのだ。「こんな状態じゃ警察にも行けないぞ」父はマリアをなだめた。しかし、マリアは意味がわからない様子で「どういうこと？」と聞き返した。父の口調はいっそう厳しくなり、我慢の限界を超えているようだった。怒鳴りながらマリアの腕を取ると、彼女がもがくのもかまわずその服の袖を乱暴にまくった。「お前はわかってない。自分を見ろ。自分の腕を見ろ。警察がただお前の訴えを聞いて黙って帰すと思うか？」そう言いながら注射針の跡を指さした。まだ子供だった私は、じっとその様子を見ていた。マリアの腕には本当にたくさんの跡があった。こんなに多いとは思ってもいなかった。こんなにあるはずがないとも思っていた。紫色になった肌には青あざが広がっている。父はマリアの豊かな髪を持ち上げて鏡の前に連れて行き、首元の赤や茶色の傷跡を見せた。「全身傷だらけじゃないか！」そして繰り返した。「自分を見ろ、自分の姿を見ろ！」マリアは目を閉じた。私も目を閉じた。あなたが振り向いたときの顔を見たくなかったから。マリアはおとなしくなった。父は手を離し、ぐったりとしながら聞きとれないような小さな声で「行きたきゃ行けばいい。だが、刑務所には会いに行かないからな」と言った。マリアは出て行った。階段から最後の叫び声が聞こえてきた。「あんたたちには二度と会わない」数日後、あなたは首にスカーフを巻いてうつろな目で現れた。インド布のクッションに寄りかかり、ぐったりとしていた。青いモビレットのことは二度と口にしなかった。

私たち家族は、白の「ルノー12」で移動中だった。私は気分が悪くならないように、母から言われたとおり車の窓を少し開けていた。この車に乗ると、いつも吐き気がした。腐ったような臭い、合皮のシートの臭い、吸い殻の臭い。トランクから漏れるどんよりとした臭気は、周囲の空気をすべて汚染してしまうのではないかと思うほど強烈だった。父はモノを絶対に捨てない人だった。このルノーも動かなくなるまで乗りつづけた。自分は戦時中の子だから、と言っていたけれど、「生まれは一九四四年の春でしょ」とよく私たちから冷やかされていた。父には戦時中の記憶はなく、父の語る戦争はすべて自身の兄たちから聞いたものだった。父は、底に残ったミルクも、鶏肉の残りも、数さじ分だけ残ったスープも、しなびて小さくなったチーズも、固くなったパンもいっさい捨てず、残飯をすべてパリまで持ち帰るといつもゆずらなかった。毎週日曜には、すべてがひっくり返されて、その中身がごちゃ混ぜに入ったビニール袋ができあがった。瓶の底にわずかに残ったジャム、一デシリットルのミルク、パスタソースの数滴、お菓子のかけらが車のトランクに入れられ、臭いを放ちつづけた。

この車に乗ると、いつもひどい臭いと不安に襲われた。移動のときに気分が悪くなるのはこの車だけだった。この車を使うのは、夏のバカンス以外では、決まって私が嫌いだった場所へ行くときだ。田舎の別荘や、サン＝モールにある老人ホーム。おばあちゃんはそこで、不幸ばかりに見舞われた人生に死が終わりを告げてくれるのを待っていた。

その日、私たちは知らない場所に向かっていた。街が遠ざかり、郊外の風景が延々と続く。団地の代わりに田舎らしさの最初のしるしである一戸建ての家が現れる。それから果てしなく田園風景が続き、村々を通り過ぎていく。私は森のことを思い出していた。森が怖いのだ。まだとても小さかったある秋のこと、父は私と弟を連れたまま森で道に迷った。日が暮れ始めるとどの道を行っていいかわからなくなり、最後には小道さえ見つけられなくなった。薄暗がりのなかで巨大な木々のシルエットがわずかに浮かび上がっていた。うっそうとした茂み、動物たちのかすかな息づかい。木の根や茨《いばら》が私たちの脚を引っ掻き、うまく進めない。当てもなく歩き回りながら、私は歌を歌い、冗談を言った。弟は怯え、父はパニック寸前だった。森のなかで子供たちとともに迷子になったのだ。辺りはすっかり夜になっていた。いまごろ母は心配しているだろう。母は、父が子供たちを連れて森に行くことを不安がっていたが、しぶしぶ了承したのだった。そしていま、とても臆病で、長い髪で顔を隠し、授業でもまったく手を挙げず、友達の家での外泊も断るような私が、歌を歌っていた。即興で考えた歌詞を口ずさんでいた。木の枝を拾ってみんなに渡し、「オオカミをやっつける棒だよ」と言って笑わせようとした。私は何とか父を元気づけようとした。きっとすぐに道が見つかるよ、もうすぐだよ、家に帰ったら火のそばで暖まろうね、パパが木の筒で火をおこしてね、パパは大急ぎで火をおこそうとして逆さにくわえたことがあったよね、黒い灰が口の周りについて悲しいピエロみたいだったよ……。雨が降り出し、巨大な森は湿り気を帯びた。私は周りを見ないようにしながら繰り返した。もうすぐ出られるよ、パパが大好きなお家に帰れるよ、と励ましつづけた。私にとっては大嫌いな家だったけれど。すると偶然にも、小さな集落に戻ってきた。まるで嵐から逃れた船乗りのような気分だった。父はまず母にこう説明した。「森で迷ったら、この子が歌ってくれたんだ！」でも、すぐには立ち直れないようだった。父はあとになって私のところにやってきて褒めちぎった。「お前にはすごい力がある。みんなが大変なときに、いろんな方法で励ましてくれるなんて！」と。私は誇らしかった。

その日、私たちは知らない道を走っていた。その日だけは、車のかび臭さが気にならなかった。当時のマリアの人生はドラッグを中心に回っていた。ドラッグがあなたの人生を大きく占め、私たちの人生にも少しだけ関係していた。あなたは家に来ると、いつもハイで、日に日に荒んだ状態になっていった。もうクスリはやめると約束しても結局何も変わらず、私たちの目の前で自殺を図ったこともある。サンタンヌ病院での日々は、悪夢のような中毒症状の海の底で、じっと息を止めていただけにすぎなかった。あなたは退院すると、またすぐにクスリを買いに走った。父は薬物依存の手厚い治療を行なっている病院を調べ、パリから遠く離れたその施設に入院するように説得した。いや、説得というよりむしろ、嫌がるあなたを強引に連れ出したのだ。

私たちは、何をするのも一緒に行動する家族だったので、今回もみんなでマリアの入院に付き添った。子供を精神科病院に連れて行くべきではない、などとは誰も思わなかった。それでも、私と弟は施設のなかには入らず、駐車場の車のなかで待つことになった。両親とマリアが、彼女を救ってくれるはずの施設に入っていく。獣のような怒号が車のなかまで聞こえてきた。声帯が引き裂かれそうになるまで叫んでいるマリアの声だ。医師は身体拘束を命じ、あなたは紐を外そうともがいたけれど無駄だった。力ずくで押さえられ、鎮静剤を打たれた。パリに戻る道中、あなたの悲痛な叫びが私の耳から離れなかった。そして、マリアは夜に病院から脱走した。それからしばらくのあいだ、マリアは私の父に会おうとしなかった。

マリアがもし生きていれば、私があなたの家族について語るのをきっと嫌がっただろう。この考えは何度も頭をよぎった。母親や父親、兄弟、そしてドラッグについても言及されたくなかったはずだ。私は書いては消し、そしてまた書き始めた。あなたの両親やドラッグや『ラストタンゴ・イン・パリ』について触れずにマリア・シュナイダーという人物を語ることはできない。

私は、この本をマリアと一緒に書くこともできたはずだ。書くべきだった。一緒に本をつくろうと話をしていたのだ。私の父とマリアが仲直りしたあと、クリスマスのディナーで実家に集まったとき、マリアはためらいがちに私に近づいてきた。マリアがまだあの病におかされる前、いずれにせよ、まだ病気のことは知らなかったころのことだ。あなたは死について考え、自身の死後に人々にいったい何を言われるのかと気をもんでいた。どうしてもあなた自身で事実を語りたいと思っていたのだ。すでに、あなたは撮影日誌や思い出を何十枚も書き連ねていて、ひとりでは完成できそうにないと言っていた。私と一緒に本をつくりたいと言ってきたのは、私の仕事が物書きだったからだろうか？　あなたの恋人で、長いあいだ連れ添っていた女性Aは、一緒に書くのが親族なら信頼できると賛成し、あなたを後押ししていた。私は「しばらく考えさせて」と答え、その後あなたに連絡をした。それは決して容易な企画ではなく、正直に言って不安だった。

あなたはいまだにとても傷ついていて、その反応は予測不可能なことが多かったから。マリアは「しり込みはしたくない。十分に考えてきた結果よ」と言った。そして編集者を見つけるように頼まれた私は、『リベラシオン』紙の同僚で友人のジュディットに相談した。「七〇年代、映画に関する本といったら彼ね」という彼女の勧めで、ストック出版のジャン゠マルク・ロベールに会いに行くことになった。私は新人のように怯えながらフルーリュス通りに足を運んだ。たどたどしく企画の説明をすると、彼が言葉を遮った。それ以上の説明を必要とせず、この企画を気に入ってくれたのだ。そこで私はマリアの家の近所にある〈オテル・デュ・ルーブル〉で打ち合わせをセッティングし、三人でアペリティフを飲むことになった。あなたは昔から、間接照明があってサービスも細やかなホテルのバーが好きだったから。私が口をはさまずとも、二人の会話はすぐに盛り上がった。夜遊びしていた仲間、疎遠になった知人、再会した友人など共通の思い出を語り合う。帰り際、あなたは楽しそうで、「きっとうまくいくわ」と私に言った。その後、ジャン゠マルクから途方もない金額の契約書が送られてきた。でもその直後、これから彼と再び会って話を前に進めようとした段階で、マリアは悩んでいることについて私に打ち明けた。実の父親のことは書いたほうがいい？　ドラッグについては？　母親についてはどう書けばいい？　私は何とかマリアを安心させようとしたけれど、不安に駆られたあなたからの電話は増えていく一方だった。あなたは本のことを考えれば考えるほど眠れなくなっていく。自身の記憶を呼び起こすことで、底知れない恐怖の沼に落ちていくようだった。そして、マリアの心配が、そのまま私の心配へと変わる。本をつくることが、お互いにとって苦痛であってはならない。この企画は諦めるしかないと私は決心した。その決断を聞いたあなたはほっとしていた。私たちは出版社との契約金を返却した。

それからも親族で集まるたびに、マリアはこの話についてほのめかした。まだ機が熟していないけれど、いつかは一緒につくりましょうね、と。私はその言葉を信じているようなふりをしていたけれど、あなたが覚悟する瞬間は決して訪れないとわかっていた。いつか自分ひとりで書くことになるのだろう。結局、私がほとんど知らないあなたの人生ではなく、私たちの話を書くことになると予感していた。

マリアのフィルモグラフィーについては、私はさまざまな巡り合わせやタイミングから断片的に知ることになった。マリアが演じているのを初めて見たのは、ダニエル・デュヴァル監督『夜よ、さようなら』だった。あなたは売春婦の役でミュウ＝ミュウと共演していた。最初の作品としてはよくないスタートだ。できれば自分のいとこの娼婦姿は見たくないものだ。ミュウ＝ミュウの役名は〝マリー〟、あなたの役名は〝マルー〟、そしてポン引きの〝ジェラール〟が登場する。映画は一九七九年に公開され、堕落、暴力、売春、男に操られ辱められる女たちが描かれている。映画のなかであなたはまたも裸をさらし、乱暴されている。あの映画から七年が過ぎても、まだこういった役の牢獄から抜け出せていなかった。作品の冒頭から最後まで、あなたは黙っていた。多くのシーンに出演しているのにいっさい口を開かず、ミュウ＝ミュウだけに話をさせている。この映画のなかではマリアだけが話さないのだ。なぜそうなのか当時の私にはわからなかったけれど、この沈黙はずっと印象に残っていた。だいぶあとで聞いた話によると、あなたはドラッグのせいで三行以上のセリフを言える状態ではなかったらしい。撮影中、日を追うごとにあなたのセリフは減らされていった。

『夜よ、さようなら』はヒットし、あなたにとってはこの作品がひとつの転機となった。やっとあなたは「もう脱ぎたくない」とはっきりと言えるようになったのだ。八〇年代初頭、あなたはセックスシーンのある脚本はすべて断ろうと決意する。自分の体を守るには、服を脱いではいけない。二度と体をさらけだすような官能的な女性は演じない。大きな胸と柔らかな肌はもう誰にも見せない。当時、オファーのほとんどがヌードになる役だった。あなたは断った。声を荒らげて断ることもあった。嫌なシーンをカットするように交渉もした。そのたびに役を失い、その役は別の役者に回された。郵便受けが脚本でいっぱいになることはどんどん少なくなり、主演にも、準主演にもキャスティングされなくなっていく。服を着たマリアには、もはや誰も興味を示さなかった。

父と仲違いをしてから数年のあいだ、マリアはしばらく家に来なかった。代わりに私は、叔父と叔母の家でマリアに会っていた。その一家は、まるでジョルジュが苗字かのように〝ジョルジュ家〟と呼ばれていた。ジョルジュ叔父さんの家は、マリアにとって居心地がよかった。何をしても、何を言っても許され、ちやほやされ、愛され、歓迎された。父と叔父は七人兄弟のなかで唯一、本物の兄弟だ。父自身が大人になってから知ったことだけれど、ジョルジュは同じ父親を持ち、長いあいだ一緒に暮らした弟だった。年も一番近く、一家の転落、貧困、没落、屈辱、アルコール、死をともに経験してきた。我が家もジョルジュ家とは定期的に行き来した。彼らの家を訪れるのは、子供のころの私にとって甘いお菓子のごほうびのようだった。ポルト・ドルレアン駅近くのモンルージュ墓地沿いのアパルトマンに行くと、自分の家には欠けている陽気さと軽やかさが感じられた。さらに、エルネスト・レイエ大通りで名作映画に感動したり、駄作やグロテスクなシリーズものの作品を見て笑ったりできた。叔父はクラシック音楽とサッカーが大好きだった。ブルジョワのあいだではスポーツ好きは必ずしも好まれない時代だったけれど、ごく自然に、当たり前のようにこの二つに情熱を注いでいた。夏になると、ジョルジュ家は太陽を求めて南フランスやスペインやイタリアに旅立った。三人の子供たちを連れて、私の両親なら「安物だ」と言いそうな貸別荘で過ごしていた。一方、私たちのバカンスはブルターニュでのワイルドなキャンプで、もっとスパルタ的だった。私はジョルジュ家がうらやましかった。ある夏、叔父さんは私をスペインのアリカンテ近郊のコンクリートの海岸に連れて行ってくれた。巨大な建物の冷たい影が海岸に伸びていて、遊べるような雰囲気ではなかった。普通ならば、がっくりと肩を落とすところだけれど、ジョルジュ家のみんなは予想外の風景に大笑いして、気にもしていなかった。その異様な建物が太陽を遮っていたので、私たちは別荘のプールに移動した。この一家はどんな不都合があっても深刻にとらえることはなく、不機嫌になることもなかった。おいしいものを食べたり、くだらない冗談を言ったり、アイスクリームを買ったり、プールでばちゃばちゃと大きな音を立てたり、真っ黒に日焼けしたり、何でもないことでも楽しかった。夕食後はキャンディーや雑貨の移動販売が来ている通りに散歩に行く。外は暖かく、夜になってもノースリーブと短パンで外出できるような場所があることを初めて知った。その年のバカンスは忘れられないものとなった。私はジョルジュ叔父さんが大好きで、その素直な生き方も、叔母さんがおいしい料理をつくるときの気前のよさも、私たちより楽しく暮らしているように見える三人の子供たちも大好きだった。私はパリのジョルジュ家で週末を過ごすこともあった。リビングのソファで寝て、ビデオで映画を鑑賞し、おしゃべりをして、ラジオでサッカーの試合を聴いた。叔母さんはラザニアやイル・フロッタント（カスタードソースの上にメレンゲが島のように浮いたデザート）など私の大好物をつくってくれた。だからジョルジュ家では、普段は少食だった私でもついつい食べ過ぎてしまう。日曜の夜は、胃がむかむかして、いまにも吐きそうになりながら家に帰った。

私がエルネスト・レイエ大通りに行くのが好きだった理由はそれだけではなかった。そこに行けばマリアに会えたからだ。叔母さんはマリアが来るといつも私に声をかけてくれた。母と一緒に行くこともあった。そのころマリアはもうヘロインは断《た》っていたけれど、代わりにマリファナをひっきりなしに吸っていた。親族の誰もがマリファナならそれほど問題ないだろうと思っていた。マリアはもうドラッグには手をだしていないとさえ思っていたようだ。私は思春期に入っていて、いままでと違うマリアの姿を知ることになる。穏やかで奇声も上げず、感情を爆発させることもなかった。一緒にテレビや映画、土曜の夜のバラエティ番組を見ることもあった。私たちは毎年、セザール賞の発表の日には、ジョルジュ家に集まってテレビで授賞式を見ることになっていた。夜は穏やかに過ぎ、マリファナの煙が漂っていた。楽しい瞬間もあれば、悲しい瞬間もあった。マリアもその場にいたけれど、もう若々しいころのマリアではなかった。肌には消えないニキビ跡のようにヘロインの深い痕跡が残り、歯が抜け、髪の輝きも失われている。体の丸みは消え、ぶかぶかのジーンズの下には骨ばった脚が隠されていた。『ラストタンゴ・イン・パリ』のときのぷっくりとした唇もすっかり薄くなり、悲痛な表情を浮かべることも多くなった。そして、マリアのユーモアは、主に他人を中傷するために使われていた。あるテレビ女優を見て〝顔をいじった〟とけなしたり、俳優のゴシップを馬鹿にしたり、かつての友人であっても、あなたの名がポスターに大きく出なくなってから連絡が途絶えたスターたちの噂を耳にして、その身勝手な振る舞いに嫌みを言っていた。そのころマリアは、もう映画界には存在していなかった。そのことはマリアの口からは出なかったし、私たちも気づいていないふりをしていた。でもきっと、自分にはこれ以上未来がないことを察していたはずだ。マリアは過去についてばかり語った。横取りされた役、失った役、脱ぐことを条件にされたので断った役、自分が望めば出演できたはずの作品について。大ヒットを記録した『殺意の夏』は、マリアが断ってイザベル・アジャーニが主演を務めた。その証拠に、マリアに似せるために、アジャーニの髪はカールしている。ルイス・ブニュエル監督の『欲望のあいまいな対象』では、マリアが一人で演じるはずだった役をキャロル・ブーケとアンヘラ・モリーナが演じている。過去について語るマリアはいつも得意げだった。「私の代役には二人も女優が必要だったのよ！」と何度も言っていた。ただし、その撮影現場でマリアがドラッグまみれのために収拾がつかなくなり、撮影四日目にして降板させられたことにはほとんど触れなかった。

マリアは、過去を書き換えながら話している以外は、日常のありふれた話、金銭問題、視力が落ちてきたこと、歯の治療費、どう考えても小さすぎるパレ・ロワイヤルのアパルトマンなどについて話した。ときおり、過去の栄光の時代のおぼろげな記憶がよみがえると、目が輝きだし、楽しそうに笑い、髪からは香水の香りがした。そんな瞬間には、私はエルネスト・レイエ大通りのリビングで、マリアと一緒にソファに座っていることが幸せに思えた。

監督たちがマリアに背を向け始めたときでさえ、あなたはマスコミにとって格好のネタだった。一九七八年六月九日号の『パリ・マッチ』誌は、「映画界の失われた子供」と題して四ページにわたるマリアの特集を掲載した。写真には手入れされていない庭に立つぼさぼさの髪のマリアが写っている。シャツワンピースを着て、取れたボタンの代わりに安全ピンが付いている。胸の前で手と手を握り、カメラマンに笑顔を求められてひきつっているように見える写真の下には、無記名の記事が添えられている。「同世代を代表する女優マリア・シュナイダーは、すべてから遠ざかり、自然に囲まれた暮らしを求めてストックホルムから五〇〇キロ離れた森のなかにいた」あまりワクワクしない文章だ。その号の表紙はマリアではなく、『ヴィオレット・ノジエール』（クロード・シャブロル監督）に出演したばかりのイザベル・ユペールだった。夕陽のような色の髪、思春期の娘のようなそばかすだらけの彼女が表紙を飾っている。当時は、これまで蔓延していた放蕩の空気を誰もが捨て去りたいと思っていた。ユペールは、まさにそんな時代を象徴する存在だった。背が低く、ほりが浅くて繊細な顔立ちで、いかにもフランスらしい女性だった。誰もが感情移入できて、もし息子の嫁になったとしても、姑がやきもきせずに安心していられるようなタイプだ。表紙には「イザベル・ユペール　カンヌで受賞」という見出しがつけられている。特集のなかでは、ユペールはスターらしくない庶民的な人物として紹介されている。アイスの棒をなめたり、手で髪をかきあげたり、腰を振ったり、色気のあるセクシーなポーズの写真が載っているが、頭から足先まできちんと体を隠すような格好をして、さらに首にはスカーフを巻いていた。「イザベルは庭や公園、パリの素朴でちょっと変わった小道が好き」と書かれている。マリアと同世代ながら、彼女の周囲にはスキャンダルもなく、悲劇もドラッグも非業の死もなかった。

七〇年代の終わりになると、社会はそれまでの奔放な時代とは違う安らぎを求め、道徳的価値に回帰していく。この号の『パリ・マッチ』はそうした時代の空気を読んだ内容になっている。冒頭の五ページには「喫煙する子供たち」という特集が組まれ、「いまの子供たちは一一歳から吸っている！」と記者が警鐘を鳴らし、「ニコチン中毒を前にしても、多くの教師たちは見て見ぬふりだ」と糾弾する。この記事を読みながら、私は両親が撮った自分の写真を思い出した。私がせいぜい四歳ぐらいのときの写真で、斜めに切られた前髪が額を覆っている。田舎の別荘の庭で青りんご色の長いネグリジェを着ていて、胸には「おしまい！　もう寝る」とプリントされている。でも、そのときの私は少しも寝ようとしていなくて、火のついた煙草を右手に持って小さな口にくわえ、左手には酸っぱいキャンディーを持っていた。

一九七八年、サッカーのワールドカップが残虐な軍事独裁政権下にあったアルゼンチンで開催された（スポーツの政治利用ではないかと世界中で物議を醸した）。フランス代表チームの舞台裏を取材した『パリ・マッチ』の記者ジャン・コーは、「選手間の対立がある」と記している。当時のフランス代表でフォワードのドミニク・ロシュトーは、専属のマッサージ師に背中の筋肉をほぐしてもらいながら「僕らはアルゼンチンの政権に加担していることになる」と漏らし、考え込んだという。一方、同じくフランス代表のミシェル・プラティニは何が問題なのかわかっていなかった。「アルゼンチンは、他に比べれば悪くない」と発言している。私の家では、この年のワールドカップをテレビで観るなど論外だった。リビングの壁には「アルゼンチン大会はボイコットを！」と書かれた大きなポスターが貼られ、そこには鉄条網の向こうに囚われたサッカーボールが描かれていた。

その年のフランスは、ヴァレリー・ジスカールデスタン大統領の就任四年目にあたる。『パリ・マッチ』では四年目を祝して特集が組まれ、彼の印象をよくするような写真が並んだ。ジミー・カーター大統領からホワイトハウスに招かれた写真、ジャクリーン・ケネディとコンコルドのなかで挨拶を交わす写真、アメリカの俳優ポール・ニューマンと話している写真。参政権を一八歳まで引き下げ、中絶の合法化を行なった現代的な大統領として、ジスカールデスタンの威厳ある姿が掲載されている。このころはまだ権力の衰えは感じられず、国民を失望させていなかったようだ。写真の上には「ホワイトハウスからフランスの田舎まで、超音速のジスカール」とプロパガンダの見出しがつけられている。大統領自身が選挙の記念日を祝う写真もある。四年前、一九七四年の大統領選の際には、オート＝サヴォア県のある村で九二パーセントがジスカールデスタンに投票した。「大統領は神父、教師、最長老の女性など村の人々が集まる前で、就任四年目を祝うケーキのロウソクを吹き消した」と記されている。数ページ後には、下世話なゴシップ欄があり、大統領の息子アンリが「ル・パラスのパンクナイト、大騒ぎでご満悦」の状態だったことがわかる。なんて素敵な一家だろうか！　永遠なるフランス、田園風景が広がる豊かなフランス、神父、教師、それらすべての守護者でありながら流行にも乗ってるなんて！

この号の四ページにわたるマリアの特集は、その悲劇的な運命を強調するかのように白黒のページに追いやられていた。時代はすでにスターを選択したのだ。新たなスターたちは、穏やかで温和で、堅実で地に足が着いている。あなたの記事は、人生の因果応報を見せつけ、性の自由は破滅と絶望を招くことを思い出させるためのものだった。一九六八年からすでに一〇年が過ぎ、五月革命は恩恵よりも荒廃をもたらしたことが明らかとなっていた時代だ。『パリ・マッチ』の読者は、モダンなアパルトマンでくつろぎながら落ち目の女優の写真を見て思っただろう。幸いにも、あの時代、すべてはもう過去のことだと。

記事には「すべてに反抗し、北欧の森に引きこもったマリア」というサブタイトルがつけられていた。ブルジョワの考え方では、社会から排斥された人は決まって森に引きこもり、自然に囲まれて暮らすことになるらしい。さらに「反抗の時代を象徴するブリジット・バルドーのように」とも書かれていた。ヒッピーの時代に現れた新星、マリア・シュナイダーは、人生の罰を受けたのだ。「ロリータ」「ふしだらな女」「カバーガール」など、陳腐な表現を惜しみなく使って表現されてきたマリア・シュナイダーは、罪を償っているのだと思われていた。ドラッグと激しい怒りによって映画界から遠ざかり、あなたはこの記事のなかで、いかにも世間が期待しているような言葉を並べている。「ここでは鳥の声しか聞こえない。何も考えず、紅茶を飲み、果物を食べる。これこそが人生よ」けれども、記者への不信感が消えていなかったマリアはこう付け加えた。「あなたにこんなこと言ってもしょうがないけど、私は言い訳なんかしない。みんなは私のことを惨めだとか、ラリってるとか、髪もとかさないヤク中だとか、性格が悪いとか好き勝手に言うけど、はっきり言ってどうでもいいわ」記事には、クインシー・ジョーンズの元妻でトップモデルの〝友人〟があなたと一緒に写っていた。優雅ですらりとした体型のそのモデルは、ロングスカートをはき、自然あふれた庭でデッキチェアの横に真っすぐに立ち、マリアの写真を撮っている。あなたは腕を組み、それを盾に性的魅力のあふれる体を守っているかのようだった。単に寒かったのかもしれないし、薬物による体の震えを抑えようとしていたのかもしれない。記事にはさらに二枚の写真が掲載されている。一枚目はあなたが三歳のときの写真で、少し大きすぎるダッフルコートにすっぽり包まれて笑い、母親の手を握っている。母親は髪を脱色し、子羊の毛皮のコート姿だ。その下の写真では、あなたが鉄格子の向こうで金髪の女性と一緒に写っている。「一九七五年ローマ、薬物で入院している友人と過ごすため、精神科病院に自ら入院するマリア」との説明書きがある。具体的には書かれていないけれど、この写真からはあなたが薬物依存症であったこともバイセクシュアルであったことも読み取れる。それをどう思うかは読者が判断することだ。最後の文章は叙情的で、かなりわざとらしく感動的に書かれている。「昔々、栄光の階段を早く駆け上がりすぎた子供がいました。その娘は自分の体としぐさでたくさんの人たちを惹きつけました。でも、いずれは高い代償を払うことになるとは知りませんでした……。マリアがこの物語を語りたかったとしても、ここには語る相手はいない。いま、あなたの声を聞くのは森の木々たちしかいないのです。あなたを癒やせるのも」

他の女優たちは森に引きこもってなどいなかった。同じ号にはカンヌ国際映画祭での女優たちの様子が紹介され、海辺での水着姿やソワレでのドレス姿など、粋で華やかな写真が並んでいる。一七歳のアンヌ・パリローはホテル〈カールトン〉の前で腰をくねらせて歩き、ジェラルディン・チャップリンはこれ見よがしにふくれ面をし、ジェーン・フォンダはパナマ帽をかぶってシャツのボタンを胸の下まで開けている。『エマニエル夫人』で有名となったシルヴィア・クリステルでさえ、記事の中心を陣取っている。「いまの彼女は、英国の俳優イアン・マクシェーンと同棲して穏やかな日々を送り、息子のアルチュールは祖母とオランダで暮らしている。さらに次回作も控えているという」パートナー、息子、新作。シルヴィア・クリステルの名誉は安泰だということが、誌面には語られていた。

私は二〇歳、恋人もいた。グランゼコール（エリートを養成するフランスの高等教育機関）に通い、家族はみな、穏やかな日々を過ごしていた。しばらくは誰も命を落とさず、誰も入院しなかった。サンタンヌ病院も、我が家の電話番号を忘れてしまっているかのようだった。私が通うパリ政治学院は、穏やかな人生を送る真面目な学生たちが学ぶところだと思われていた。私は、他の女子学生と同じようにマリンブルーやボルドー、濃い緑の服を着て、丸首のトップスにリーバイスのジーンズ姿だった。さらに、髪には雑貨屋でメートル単位で買ったビロードのリボン、首元には模造真珠のネックレス、耳には金メッキの大きなイヤリング。エナメルのバレエシューズを履き、ラスパイユ大通りのブティックで買ったタータンチェックの高級マフラーを巻いていた。私がほとんど知らない六区や八区、一六区、一七区に住む良家の子女たちのファッションを真似たのだ。彼女たちはたいてい、父親が企業の幹部で、社交界のパーティーによく行き、教会のミサにも通う。私が教会で洗礼を受けていないことを話すと、警戒したような目で見られた。私は、そんな彼女たちと仲良くなろうとした。あえて私のルーツを聞いてくる人もいなかった。失礼だと思ったのだろう。けれども裏では、私の肌の色や褐色の髪についての憶測が飛び交っていた。

当時の私たち家族は、他人の目を欺くことができた。父は文化省の非常に高いポストに就き、国が一部の高級官僚だけに用意するホテルの一室に事務所を構えている。運転手付きの車もあり、授業の終わりによく迎えに来てくれた。父は本当に立派だと思う。すでに何冊も本を執筆していて、実際に読んだ同級生たちからは、その博識ぶりを称賛された。私は高級住宅街のボスケ大通りに屋根裏部屋を借りた。団地で育った私にとっては活気のない地区に思えたけれど、閉鎖的なブルジョワ階級に溶け込むにはぴったりの場所だった。私は、父のこと以外は何も語らなかった。私がどんな環境で育ったのか誰も疑問に思っていなかった。ましてや、マリアやドラッグ、アルコール、破滅、親族をバラバラにした狂気についてなど、絶対に口にしなかった。私は女子学生たちの話に聞き耳を立て、じっと観察して学び、まるでスポンジのように彼女たちのやり方を吸収していった。学校の授業で学ぶだけでなく、彼女たちの言い回しや語彙、振る舞いを順番に粘り強く覚えていったのだ。同級生の多くは金髪で、広いアパルトマンに住み、ヘアバンドをしてゴールドのアクセサリーをつけていて、デートのお相手は、お似合いの格好をした男の子で、テニスやヨットを楽しみ、すらりとした指に紋章入りの指輪を輝かせている人もいた。バカンスになるとバスク地方の海岸やモルビアン湾の広大な別荘で過ごすような人たちだ。私は彼女たちを真似て、まるで学校の前のサン＝ギヨーム通りで切ったかのように、長い髪をおかっぱにした。でも、母は私の変貌ぶりを理解できないようだった。母自身、雑然としたヒッピーのファッションをとっくに卒業していたとはいえ、私の突然のヘアバンド姿にはとまどっていた。それでも、優しい母は「私の好みじゃないけど、似合ってる」とだけ言ってくれた。

このブルジョワだらけの学校に、まるで私という不純物が混じっているかのように感じることもあった。いつものように講義を聞いていたときのことだ。高名な教授だったので、騒ぐ学生もいなかった。同級生の男の子が、二人の男子学生が私のことを話していたとこっそり教えてくれた。一人は私のことを美人だと言い、もう一人は肌の色が濃すぎて好みじゃないと言っていたらしい。その言葉を思い出すと、いまでもつらい気持ちになる。

当時の私の恋人は、私が仲間になりたかったグループとは違うタイプの男の子だった。ユダヤ人で長髪をうなじの辺りで結び、家は郊外にあった。優秀で、かなり左派の思想を持ち、積極的に活動していた。私は彼の家族や人生や生い立ちとは何の接点もないけれど、私たちはふたりとも、同級生とは隔たりを感じ、逃げ場を探す者同士だった。彼との付き合いは刺激的で楽しかった。一緒に試験勉強をしたり、屋根裏部屋に置かれた一人用のベッドで抱き合ったり、政治の話をしたり、たくさん笑ったり、知らない場所を訪れたりした。ある週末、彼は私をマドリードに連れて行ってくれた。スペインといえば、私は、ジョルジュ家のみんなと素敵なバカンスを過ごしたコスタ・ブランカしか知らなかった。彼と一緒にプラド美術館を訪れ、闘牛を見に行く。流れる血や雄牛の突撃、死の舞踏、闘牛士の槍が牛の分厚い皮膚に突き刺さる様子は、私には耐えられなかった。上部の席で見えにくい場所だったけれど、私たち学生にとってはチケット代が高額だったので、彼には本心を言えなかった。私は闘牛士の衣装や色彩に集中することにした。絹、繊細な刺繍、鏡の輝き、宝石のきらめき、黒や濃いピンクや明るい黄色の布、ケープの優雅な動き。

その夜、中心街の庶民的なレストランで夕食をとることにした私たちは、少し贅沢をしようとパエリアを二つと赤ワインのカラフェを頼んだ。ワインをゆっくりと味わっていると、興奮した若い男の姿が目に飛び込んできた。突然、私のなかに戦慄が走った。恐怖というよりパニックに近かった。理性が働かなくなるほどだった。この男はクスリをやっている。私の目にはそれが明らかだった。私は、友人たちと頻繁にトイレを行ったり来たりするその男から目が離せなくなった。最初のうちは、私が心配しても恋人は笑っていた。「ここはジャンキーのたまり場よ」私は彼にささやいた。背筋が凍り、冷や汗がワンピースを濡らした。目はかすみ、めまいがする。極度の不安に襲われている私を見て、彼がホテルに帰ろうと言った。そこで、料理にはほとんど手をつけず、お金を置いて店を出た。次の日から私は、周囲を警戒し始めた。通り過ぎる人をじろじろと疑いの目で見て、注射したばかりのジャンキーと鉢合わせしないように、公衆トイレには行かなかった。あの週末以降、マドリードには一度も行っていない。あの街では、あなたの注射器、スプーン、ライター、そして私たちを巻き込んだあの〝毒〟とともにいるマリアの姿を思い出してしまう。恋人との交際はその後も続いたけれど、私の心を支配し、旅を台無しにしたあのときの恐怖について彼が再び話題にすることはなかった。あのときの度を越した反応も、私の突飛な行動リストに入れられただけだろう。いや、もう覚えてもいないかもしれない。

私が六歳か七歳のときだったと思う。私たちはまだ一三区の団地に住んでいた。奥の一番広い寝室が私の部屋だった。マリンブルー色の金属のパイプベッド、窓際には同じ色のプラスチックの机が置かれ、右側には布製のテントがあり、なかにはランプ、人形、木のゆりかご、おままごとセットが置いてあった。私はそこで何時間も空想の家族ごっこをするのが好きで、ときどき弟も仲間に入れて遊んだ。真ん中の壁は、ベルベル人の女性が手織りした巨大なタペストリーに覆われていた。夜になると、小さな体が横たわる隙間もないほど、ベッドの上に大量のぬいぐるみを積み上げた。その夜、自分がなぜ目を覚ましたのかはわからない。叫び声、不安、レコードの針が最後の溝まで進んでカチカチとぶつかっている音。私は手探りで起き上がり、ようやくマリアがいることを思い出した。その晩、マリアは夕食前に家に来た。オレンジ色のシェードの照明が廊下を照らしている。母は一晩中、廊下の電気をつけておいてくれたのだ。我が家では、子供が暗闇を怖がるのは当たり前だと思われていた。両親の寝室のドアは閉まっていて寝ているようだ。とても遅い時間だったのだろう。窓の外の建物を見ると、一、二カ所だけ明かりがついていた。リビングからは別の光が漏れている。私は眠気でぼんやりとしながら、リビングに通じるガラス入りのドアに近づいた。曇りガラスには、前かがみのシルエットが映っていた。私はドアを少しだけ開けた。なぜそうしたのかわからないけれど、入っていいタイミングかどうか確かめたかったのだろう。腕をしばる止血用の布が目に入った。マリアの目は静脈を刺す注射針にじっと集中していた。そして頭ががくっと横に倒れた。あなたには、血でいっぱいの注射器を抜く力さえ残っていなかった。

マリアのおかげで、私は薬物使用者を探知するレーダーのようになっていた。一〇キロメートル先からでも、異常な目つきや、クスリがきれて激しく掻きむしられた腕をすぐに見つけることができた。カフェで誰かが長時間トイレから出てこないと心配になり、針を見るだけでめまいがした。悪夢がよみがえらないように自分自身も採血することはなるべく避け、仕方がないときは目を閉じてやりすごすしかなかった。わざと手を緩めて握手をし、クスリを渡して足早に立ち去る売人たちのしぐさや、捨てられた注射器や排水溝の止血帯、黒ずんだスプーン、丸まったアルミホイルも見逃さなかった。ドラッグは、私を引き寄せる、壊れた磁石のようだった。

ある冬の日曜日、まだそれほど遅くない一八時ぐらいのこと、日は暮れてもう辺りは暗かった。私はカルチェ・ラタンの映画館で並んでいた。列の前に一人の青年がいた。私は確か一六か一七歳。青年は少し年上で、両親と一緒だった。その両親は覇気のない神経質そうな目で息子を見つめていた。年配の夫婦で、私の親よりかなり上の世代のようだ。まったくの他人だけれど、二人の顔からは終わりのない不安からくる不眠の日々、長年の苦悩が読み取れた。青年は顔色が黄色く、歯はぼろぼろで、じっとしていることができず、次第に興奮を抑えられなくなっていた。突然「もう待てない」と青年が言った。彼はもう限界だった。この場をいますぐ離れたいのだ。父親は息子の腕を固く握り、行かないでくれ、せっかくの家族の時間を台無しにしないでくれ、もう少しだけ我慢してくれないか、と頼んだ。その声にはすでに敗北感と無力感がにじみ出ていた。幾度となく繰り返されてきた場面なのだろう。闘う前から負けは決まっていた。何度も諦めてきたからこそ、父親は痩せた息子の体をいっそう強く握りしめた。私には、この家族がなぜここに来たのか理解できた。日曜の夜に〈アクション・クリスティーヌ〉で白黒の古い映画を観るのは、この地区の教養ある家庭の定番だ。家から映画館までの道のりは、青年が小さいころから何十回も歩いてきた道なのだろう。映画のあとは、家族三人で楽しそうに映画の感想を言い合いながら家路を急ぐ。家では何かつまみながら、寝る前までの残りの週末を楽しむのだ。そんな習慣をよみがえらせれば、何かよい影響があるに違いない。息子が別のことを考え、人生はシンプルで素晴らしいと思い出してくれるきっかけになるかもしれない。一瞬でも息子が苦しみから解放され、一家を蝕む苦悩を忘れてくれるかもしれない。けれども、この親子が家族で出かける時代はとっくに過ぎていた。

突然、青年の動きが激しくなる。必死に止める父親の手を引きはがしながら、金をくれとせがんだ。耐えられないのだ。「お願いだ。このままじゃ死ぬ。もうダメだ」ありもしない解決策を求めて両親はお互いの目を見た。青年がもう一度お金をせがむ。いや、せがむというより、要求だった。息子は、申し訳なさそうに周りを見ていた父親のポケットをあさった。父親は抵抗もせず、息子が財布を奪い紙幣を何枚か抜きとって去っていく姿をただ見ていた。青年は、どこでクスリが手に入るのか確実に知っているような足取りで角を曲がった。妻はそっと夫の腕を取り、黒いレインコートに身を寄せた。そしてとても小さな声で「どうしようもなかったのよ」と言った。お互いを責め合っても仕方がないのだ。「帰ってくるわ、いつものように。待ちましょう」と妻は夫を慰めた。寒さと不幸に身を寄せ合う夫婦を見ながら、私は心のなかで思っていた。「待つのよね、そう待つの。私たちがマリアを待っていたように」

私が一二歳になる少し前のことだ。一九八一年は、私たち家族、そして多くのフランス人にとって特別な年となった。左派が権力の座に就こうとしていた。私の家では、政治的な集会が増えていた。父はすでに極左の組織を離れてはいたけれど、いまだに革命を信じていた。その五年前、私は初めて父が泣いているところを目にした。その日、学校から帰ってくると、打ちひしがれた父がキッチンのスツールに腰かけ、その頬を涙がぽろぽろと伝っていた。それまで、父のそんな姿を見たことがなかった。父はとても強く、この狂気に呪われた一族を懸命に支えている人物だと思っていた。困ったことがあれば、みんなは父へ連絡してきた。老人ホームで祖母が何か大変なことをしたとき、兄弟が自殺したとき、姉が電話口で泣いたとき。私が恐る恐る「どうしたの?」と聞くと、「毛沢東が死んだ」と父は答えた。この日、父と悲しみを分かち合ったことを私はいまでも覚えている。〝偉大なる指導者〟と呼ばれた毛沢東は、我々の模範であり、祖父がいなかった私にとって、おじいちゃんのような存在だった。赤い表紙の『毛沢東語録』は家のあちこちに置かれ、田舎の別荘の壁には威厳に満ちた姿で国民を導く毛沢東のポスターが何枚も貼ってあり、子供用の本のなかでも、その偉業が語られていた。毛沢東は国を解放し、さらに世界中の圧政に苦しむ人々とともに同じことを実現しようとしていた。もちろんここ数年は、父は自分が広めようとしたその逸話がそれほど美談ではないということもわかっていた。でも、毛沢東が死んだ。この事実はとても大きな出来事だった。新しいページが開かれ、家族の一員がこの世を去ったことを意味した。すべてがこれまでとは異なる世界になるのだ。

八〇年代に入ると、父は自分なりの方法でフランソワ・ミッテランが大統領になったときの準備を仲間たちと始めた。父はミッテランが好きではなく、我が家では、彼はそもそも〝右の男〟であり、労働者の側に立たず、既存の秩序を保とうとしている人物だと言っていた。母はミッテランが自分を狙わせたオプセルヴァトワール大通りでの偽装襲撃事件について説明してくれた。そして、大統領選への立候補を表明していた人気芸人のコリューシュに投票するとも言っていた。父は「まったくバカげてる」とその話を聞きたくなさそうだった。私と弟も両親の激しい議論に加わった。父の考えでは、エリゼ宮の実権を左派が握り、革命家たちが潜入工作を行ないさえすれば、理想の社会が実現するはずだという。父は財務省に初めて「フランス民主労働総同盟《CFDT》」の支部を設立して同僚たちと熱心に活動し、彼らは新たな経済社会を思い描いていた。何十年も使える車や電化製品が生産され、利益や収益を目的とせず、市場経済の代わりに、より公正で平等なシステムが生み出され、工場経営者が労働者を信頼し、同一賃金が保障される社会だ。

あの勝利の夜、インドの布で覆われた木製の長椅子には、十数人のエスニックのブラウスを着た人たちが座っていた。男性は長髪でひげを生やし、女性はアクセサリーをふんだんにつけている。ローテーブルにはグラスや食べ物が乱雑に置かれ、母は誰かの誕生日のように、勝利したときのためにケーキを用意した。床にはアフリカの小さい太鼓、ラテンアメリカの笛、名前は知らないけれど弾くのが好きだった弦楽器が置いてあった。子供は私と弟だけだった。普段は寝る時間にうるさい母が、その日の夜は特別に、歴史的瞬間を一緒に立ち会おうと、起きていることを許してくれたのだ。ぼさぼさの髪に手編みのセーターを着た私たちは、その場にいられることが信じられなかった。大人たちは選挙の結果を待ちながらワインを飲み、マリファナを吸っていた。ついに夜の八時。突然、画面に勝利者の顔が現れた。フランソワ・ミッテランの顔が大きく映し出され、左派が権力を握ったことがはっきりした。叫び声が上がり、歓喜の涙が流れた。人々は抱き合い、踊り、煙に満ちた空間にシャンパンを開ける音が響いた。私たちはひとりではなかった。この騒ぎに呼応するように団地のなかで歓声が上がった。窓が開けられ、知らない住人同士で勝利のポーズを取り合い、みんなが喜びを表現する。私たちは勝利のVサインをした白黒の写真も撮った。そして最後には、バスティーユ広場の熱狂に加わった。思い出すのは、おびただしい群衆、音楽、歌、爆竹が近くで鳴って怖かったこと、あたりがよく見えるように、父が弟と私を交互に肩車してくれたことだ。本当は大して見るものなどなかったけれど。それはつかの間の熱狂の夜だった。

けれども翌日、中学校では厄介な状況が待っていた。まず、親友のソフィが首に抱きついてきた。彼女の両親は社会党の党員で、ポール・キレス下院議員の選挙戦にすべて参加していた。私たちと同じカテゴリー、つまり勝利者の側だった。でもすぐに、私たちは騒ぐのをやめた。校庭では、私たちの姿を見てあからさまにがっかりする顔とすれちがい、アカに財産を没収されると話す生徒や、一家でアメリカとカナダのビザを取得したと言っている人もいた。私はわけがわからなかった。この国が希望に満ちた新しい時代に向かおうとしているのに、歓喜に酔いしれない人がいるなんて思いもよらなかったのだ。

一方、父も幻想を捨てるときが来た。新大統領が誕生し、高級官僚として働いていた父は同僚たちとともに、経済予測局の局長を監禁するというとんでもないアイデアを実行に移した。ジスカールデスタン大統領のイヌであるこの〝クソ野郎〟は、左派が権力を握るとどれほど経済が破綻するかを何カ月にもわたって部下に予測させてきて、その結果がさまざまな新聞に取り上げられていた。父たちは自分たちの大胆な行動に満足していた。このおしゃべりなヒッピーたちが、ついに復讐を果たしたのだ！　幸いなことに、彼らにはエリゼ宮との接点があった。父が通っていた国立行政学院《ENA》の同窓生、ジャン＝ルイ・ビアンコが内閣官房長官になっていたのだ。父はビアンコに電話すると、自分たちの筋書きに協力するように頼み、こう叫んだ。「捕まえたぞ！　財務省を奪還したんだ！」すると、電話口のビアンコは怒りを抑えながらこう言った。「お前は完全にバカ者だ。すぐに解放しろ。我々は政権側になったんだぞ。歴史的な責任があり、世界中から見られてるんだ！　すぐにやめろ！」局長は解放され、家に帰った父は、それ以降、革命のことは二度と口にしなくなった。

フランソワ・ミッテランの大統領選に、マリアはまったく興味がなかった。おそらくミッテランに投票もしていないだろう。マリアは大衆から、乱れた生活や依存や行き過ぎた自由の権化だと思われていた。けれども、実際はその反対だった。曖昧なルールのなかで育った人にありがちなように、マリアは既存の秩序を頑固に守るタイプだった。道路が汚いと文句を言い、学生のデモを嫌い、警察の仕事を支持する。古いものに執着し、法律の厳格な適用を強く求めるタイプだった。一九六八年には、マリアはシャンゼリゼ大通りでのデモに参加して左派の騒乱に抗議し、ド・ゴール大統領支持を訴えた。当時一緒に暮らしていた私の両親の影響という意味では、まったくの失敗例ともいえる。その後、マリアは当時のパリ市長ジャック・シラクを絶賛した。マリアが一文無しになったとき、パレ・ロワイヤルの小さなアパルトマンを見つけてくれたのはシラクだ、というのは本当の話だ。私は、マリアと夕食をともにするときは、政治の話題を避けていた。ドラッグの苦しみを知ってから、あなたはますます柔軟さに欠けていった。また、あなたにとっては、他の人が自分よりあとに誘惑に負けて依存症となった事実を知るのが一番つらいことだった。自分は〝ロックンロール世代〟だとずっと強がってはいたけれど、あなたの前では政治やドラッグの話は軽々しくできなかった。

私たちは、あなたにかける言葉を持たなかった。マリアを救ったのは私たちではない。本来ならあなたを保護し、見守るべき人たちの誰もがあなたを救えなかった。マリアの実の両親も、私の両親も、叔父や叔母も。私たちのやることは何の効果もなかった。愛情も、説得も、叱責も、脅しも、強制入院も。

一九八〇年、左派政権が誕生しようとしていたころ、マリアはブリュッセルである作品を撮影していた。そこに映画専攻の学生たちが見学に来た。一人の若い娘がマリアに目を奪われた。あなたと同じカールした濃い色の長髪の娘だ。あなたも彼女に気がついたけれど、用事があってベルギーを離れなければならなかった。その娘は心を決め、マリアについていくことを選んだ。そして彼女は、あなたが亡くなるまでそばに居つづけた。仮にその子をAと呼ぼう。Aはマリアの人生はいつだって変えられると直感したのだ。Aは、マリアのために祖国からも友人からも離れ、学業も諦めた。あなたが一番クスリ漬けになっていた最悪な時期だ。あなたは昼も夜も注射を打ち、その量はどんどん増えていた。自らの命を縮めつづける姿に、Aはあなたが死んでしまうのではないかと恐れていた。彼女は決してマリアをひとりにはせず、周囲をうろつく売人を追い払い、あなたが過剰摂取で搬送される救急車のなかで手を握りつづけた。彼女は片時もマリアのそばを離れなかった。あなたからひどい扱いを受けても、「ひとりにして！」と叫ばれても、「いい加減ほっといて」と懇願されても。マリアへの愛から生まれる精いっぱいの力で、Aはある計画を立てる。ドラッグは未知の世界だったけれど、彼女は懸命に知識を集め、医師や専門家に相談し、薬物を断つ方法を調べた。そして、当時ヘロインが入手できない唯一の国と思われていたブラジルに連れて行くことを決心する。ブラジルへ旅立つ前、マリアはベルギーに寄った。ベルギーではフランスと違って、ヘロインを断つ際の代用となる鎮痛薬メタドンを買うことができた。ブラジルでの滞在は数週間に及んだ。きっとAは希望を持ち、粘り強く闘い、二人のために信じつづけたことだろう。あなたは禁断症状で苦しみ、体をよじらせ、死んでしまうのではないかと思いながら、自分の体を傷つけるまで引っ掻いただろう。そのうち、ほんの少しずつ、あなたにも平穏なときが訪れるようになる。あなたは人生を取り戻し、ささやかな喜びをかみしめる。太陽が沈むのを眺め、体を温めるぬくもりを感じ、口に広がる果汁の甘さを味わった。そんなあなたを見守りつづけたAは、あなたがついに帰国できる状態となり、クスリを断つことができたと感じていた。マリアはまだ若かった。現場に戻る道を探し、映画界があなたへの信頼を取り戻し、大作へのオファーですら可能だと納得させなければならない。きっとリバウンドもあれば、さらに苦しいこともあるだろう。それでもマリアとヘロインの関係は終わりを迎えようとしていた。あなたは、注射を打つ代わりに、幻覚性のあるマリファナを吸うようになった。のちにそれが赤ワインに代わり、煙草へと変わっていく。マリアは、いつも煙草を吸っていた。それも大量に。

誰も知らなかったことだが、あなたはマーロン・ブランドとのつながりを断ったことはなかった。あなたは大したことでもないかのように、彼と定期的に手紙を交わしていることを私に打ち明けてくれた。何週間にも及ぶ撮影とあの暴力を経験したことが、生涯にわたって二人を結びつけたのだ。本来、ブランドは内気な男だった。あなたと同じ痛みを味わった作品について、彼は一言も述べずにフランスを去った。そして何年も経ってから、「あんな作品には二度と出ない。人生で初めて人格を侵害されたように感じた」と公に語っている。彼があの経験について口にしたのはそのときだけだった。それ以外は、若き新人だったマリアにだけ語っていたのだ。撮影の合間には、マリアの頬をつねって「俺の赤ん坊にそっくりだ」と言っていたという。そしてときに、彼は自分の胸の内をマリアに話した。実は撮影中、大きな問題が起きていたのだ。他のスタッフに悟られないようにしていても、ブランドの内心は大きな不安に駆られていた。彼の不在中に、元妻のアンナが息子クリスチャンを連れ去ったのだ。この息子はのちにドラッグに溺れ、妹シャイアンの恋人を殺したことで不名誉な名声を手に入れることとなる。この誘拐まがいの出来事を、あの冷ややかな大男マーロンは、あなたにしか打ち明けていなかった。その苦悩は他の人と分かち合えるようなものではなかったのだろう。

「彼の印象を操作していたのはベルトルッチ。

あの男は私と同じぐらいにマーロンを苦しめた」とマリアは私に語っていた。二〇〇四年にブランドが亡くなったとき、あなたは『パリ・マッチ』のインタビューで「初めて作品を観たとき、マーロンも私も気まずかった。肉体的なシーンよりも、そこで発せられた言葉に。監督からは相当なアドリブを要求され、私たちはお互いに子供のころの思い出をさらけ出した。これは、ヌードよりもっと猥雑で、マーロンはとてもいら立っていた。裏切られたように感じていた」と語っている。

マーロン・ブランドは作品が公開してから一三年間、ベルトルッチからの連絡をすべて拒否し、電話にも手紙にも応えていない。ところが一三年の断絶ののち、変化が起きた。ある日、ブランドは監督をロサンゼルスに呼んだ。そこで二人は話し合い、映画について語り合った。ブランドのベルトルッチへの恨みは、マリアほど深くはなかったのだ。

今度はマリアの異母妹フィオナが入院した。ヘロインはそこらじゅうにあった。父親のダニエルも薬物依存症だったからだ。名優の豪華なアパルトマンではみんながドラッグ漬けだった。フィオナは、父親の膝の上に座っている白黒写真を記念品のように大切に保管していた。父親は威厳ある姿で、豊かな白髪、眉毛はまだ黒々としていて、白いシャツにストライプのジャケット、まるでマフィアのドンのようだ。フィオナの顔にはまだ少女のような丸みが残っている。当時、彼女はスターになることを夢見ていた。そして、聖なる怪物たちがいる映画界へ足を踏み入れた。ちょうどアレクサンドル・アルカディ監督、フィリップ・ノワレ主演の『Le Grand Carnaval（大カーニバル）』を撮り終えたところだった。その写真は、作品の打ち上げパーティーで撮られたものだ。父と娘はカメラのレンズをじっと見ている。フィオナは黒いビスチェの透けるドレスを着ている。胸の下には薄い布に貼りつくように白い長方形のものが透けて見えていて、取り忘れたタグのようにも見える。「これはヘロインの袋よ！」のちにフィオナは、大人になりたくない子供のように笑いながら私に語った。

その写真の数年後、フィオナはサンタンヌ病院にいた。担当の看護師がフィオナに言った。

「ここは、お姉さんが入院していた部屋なんですよ」

私はずっと俳優たちを警戒していた。怖がっていたのだ。動じない姿、上っ面の自己愛、他者への暴力、老いへの強迫観念、人気の浮き沈み、ヌードにしておいてすぐに忘れ去るという映画界にひそむ莫大な犠牲。他人、監督、プロデューサー、観客の欲望のなかで生きつづける残酷さ。女優で友人のロールは「役者はみんな失われた子供よ」と言う。彼女とは一七歳のとき高校で出会い、そのときすでに彼女はセザール賞を受賞していた。また、ニコール・ガルシアは、女優になった理由を聞かれた際に「もっと私を見てほしかったから」と答えている。マリア、あなたにはあらゆるまなざしが足りなかった。あらゆる思いやりも。不在の父や冷酷な母からのまなざしも。だから、あなたは女優になることしかできなかったのだ。いまから数年前、私にはいわゆる〝映画界〟の友人がとても多いことに気がついた。そんな友人を選んだのもマリアに近づきたかったからかもしれない。そして、〝失われた子供たち〟より他に心を動かされる存在がいないからかもしれない。

一九七八年一一月三日、『パリ・マッチ』は一〇年遅れでこんなタイトルの記事を掲載した。「マリア・シュナイダー　父と再会」その雑誌は数カ月前、北欧の田舎にいる失意のマリアを取材して売り上げを伸ばしていた。あなたの麻薬中毒で野性的な姿が掲載された号のことだ。そして今回は、二ページにわたって父と娘の和解がでっち上げられていた。今回もマリアは記事のネタにされたのだ。その号は新ローマ教皇が表紙となり、「ヨハネ・パウロ二世即位　家族のアルバム」という見出しがつけられている。「ピープル」欄には、体を鍛えるために毎日合計三〇トンのバーベルを挙げるシルヴェスター・スタローン、ゲンズブールとバーキン、女優のオルネラ・ムーティ、完璧に束ねた髪と端正なスーツ姿の政治家シモーヌ・ヴェーユが歌手ギイ・ベアールを祝ったことなどが掲載されている。さらにあとのページには、大富豪の孫娘パトリシア・ハーストがテロ組織に誘拐され、自らもその組織を信奉し、その一員となった記事が載っている。もとの生活に戻った彼女は、自分の警護をしていた警察官と結婚しようとしているという。ハッピーエンドだ。初期のビデオテープ「ベータマックス」とヴィッテルのミネラル・ウォーターの広告ページのあいだには「モード」の欄が喜びを表現し、「足見せの再来」「スリット入りスカート」「一二センチのヒール」「長年ブーツとロングスカートで隠されていた、女性たちの最もセクシーなパーツを再発見」といった意気揚々とした文言が並んでいる。

マリアは流行の変化が理解できなかったようだ。記事にはマリアが古着ファッションに身を包んだ写真が掲載されている。アイロンのかかっていない男物のシャツ、清潔かどうか疑わしいジーンズのブルゾン、花柄のインドのスカートの下から木製のサボがのぞいている。髪はしばらくとかしていないようで、失敗したドレッドヘアのようだ。母親の名前をはじめ、記事の内容が間違いだらけなのは、大目に見よう。一方で、この記者はレトリックに熱心で「カメラ回れど挽回できず」などと記している。左のページでは父と娘が一緒にポーズを取っている写真が載せられ、「今年最も目頭が熱くなる写真」というキャプションが付いている。生粋のプレイボーイである父親のダニエルの眉はふさふさだ。分厚いウールのタートルネック姿で、髪は白髪染めもせずに無造作にうしろに流れていてセンスのよさが見て取れる。一〇年前のサイン会の写真とは違って、今回は、父親のほうが悲しそうな表情をしていた。幸せそうな演技は無理だったのだろう。週刊誌側からのリクエストで、ダニエルはマリアが出演する『Une femme comme Eva（エヴァのような女）』（ヌシュカ・ファン・ブラーケル監督）の撮影現場を訪れていた。すぐにみんなから忘れられてしまった作品だ。ダニエルはひと目見て、娘がどんな状態なのかわかった。マリアがそのまま飛んで行ってしまいそうに思えたのか、彼は娘のストライプの上着を、染みのある手で鳥の爪のように押さえていた。マリアは当時二六歳。一〇歳は老けて見える。ヘロインの毒がすでに体を蝕んでいた。もう一枚の写真隈のできた目でレンズのほうを向いていたけれど、実際は何も見ていなかった。

では、父は満足そうな家長の顔をしている。シャツのボタンを開けて胸毛のない上半身をあらわにし、右腕には新しい妻を（「マリアと同年代の妻」とわざわざ説明書きがある）、左腕には長女のマリアを抱いている。マリアは目がうつろで、その横では異母妹のフィオナがマリアのほうに頭を傾け、不機嫌な顔で写っていた。

もう考えまいと思うたびに、あなたが私をつかまえて離さない。私たちの話を書き始めてみたものの、手を止めてはまた書き、まるで険しい小道を当てもなく歩いているようだった。この道を引き返すことはできない。その夏、私は執筆をひとまず脇に置いて、新聞の取材でニューヨークに向かった。パティ・スミスと〈チェルシー・ホテル〉について記事を書くことになっていたのだ。この伝説的なホテルはすべての起点で、パティ・スミスと写真家ロバート・メイプルソープの大恋愛の舞台でもある。七〇年代、〈チェルシー・ホテル〉で暮らし始めたことが若いパティの転機となった。私は、パティ・スミスについては、カルト的に崇拝されている数曲と、素晴らしい回想録『ジャスト・キッズ』（パティ・スミス著、二〇一〇年）ぐらいしか知らなかった。取材を申し込んだが、現在ツアー中で疲れていて、それに〈チェルシー・ホテル〉の話はしないと断られた。本にすべてを書いてある、というのだ。インタビューがかなわなかったので、私は彼女にまつわる資料を仔細に調べ始めた。すると、最新アルバム『バンガ』についてのインタビューで、そのアルバムにはマリアのために詩を書いた曲が収録されていることを知った。マリアが気に入りそうなギターのリフが流れる、穏やかでメランコリックな別れの歌だ。タイトルはシンプルに「マリア」。パティ・スミスはあなたの死の翌日にこの曲を書いた。七〇年代の半ば、パティとマリアはカリフォルニアで出会っていた。あなたは静けさと砂漠の暑さ、ヒッピーたちの自由奔放な暮らし、そしてもちろんドラッグによる安らぎを求めてそこにいた。『ラストタンゴ・イン・パリ』のスキャンダルのあとで、幸福への願いが崩れ落ちたあとのことだ。――私はあなたを知っていた　私たちは若かった　私はあなたを知っていた　そしてあなたは行ってしまった――。胸がうずくようなパティ・スミスの歌声が続く。彼女から見たマリアの姿がそこにある。――世界の果て　そこでは　あなたは何者でもなかった――砂漠の熱気のなかで　優しくて無分別な　怯え震える一つの星――私たちは　むき出しで熱しやすいと思っていた――若い力のもろさも　あらゆるむなしさも知らなかった――手つかずで無造作な髪　悲しげな瞳　白いシャツに黒いネクタイ　あなたは私のものだった――

マリアからパティ・スミスの名を聞いたことはなかったし、その名が私たち家族の話題にのぼったこともなかった。あなたは、その出会いを自分の胸に秘めておきたかったのか、あるいはこもった太い声のこの歌手がそれほど印象に残っていなかったのか。あなたが残した謎の一つだ。

二〇〇二年一〇月一九日に撮られた一枚の写真がある。異母妹フィオナの結婚式でのものだ。父ダニエルは車のなかにいる。白髪にスカーフ、変わらぬ魅力を笑顔で振りまいている。父は娘の結婚式のために病院を出てきていた。体力は落ちていて、一カ月後にはこの世を去ることになる。隣にはカレの街のレース刺繍が施されたドレス姿の輝くようなフィオナがパリの歩道に立ち、右腕でマリアを抱いている。あなたはわずかに微笑み、頬はまだ丸くて髪は長く、病気の影は見られない。マリアのまなざしから、なぜここにいるのか、というかすかな不安が読み取れる。でもあなたはわかっていた。家族らしく振る舞うように求められていることを。新婦の左にはフィオナの兄マニュエルがいて、女性たちのあいだで存在感を示そうとつま先立ちをしている。右には彼らの母親であり、年齢とともにだいぶ丸みと重みを増した元モデルのシルヴィ・イルシュが写っている。新郎の姿はそこにない。どうせ長くは続かなかった。

あなたはその少し前に、メトロのホームでフィオナとばったり会っていた。しばらくぶりの再会だった。フィオナは、どうしてもマリアの連絡先を聞きたがり、マリアを離そうとしなかったという。私はときどき、マリアからフィオナの話を聞いていた。フィオナはあなたにとってはつらい存在だった。マリアは「私のほうがよっぽどまともよ」と言っていた。マリアは巨匠たちの作品に出演し、名だたる俳優たちと共演したけれど、フィオナはいまだに『プレイボーイ』誌やゴシップ欄から離れることはできなかった。それでもあなたはフィオナを大切に思っていた。マリアとフィオナは同じ父を持ち、その背後に連なる苦悩を分かち合ってきたのだ。そして、二人を映画界に導いたのはアラン・ドロンだった。ドロンは『栗色のマッドレー』でマリアを端役で出演させ、その後ジョゼ・ピネイロ監督『復讐のビッグガン』でフィオナを起用した。一九八五年、フィオナはこの映画のプロモーションのために、手で胸を隠しただけのほぼ裸の姿で『エル』誌の表紙を飾っている。

フィオナはドラッグ、アルコール、強制入院と、あなたがふらつきながら進んだのと同じ道を歩んでいた。繰り返される悲劇をフィオナは笑っていたけれど、どこか誇らしげでもあった。彼女はあなたの真似をして生き、あなたはそれを愉快には思っていなかった。当時すでにドラッグによる悲劇から抜け出していたマリアとは違い、フィオナはまだその渦中にいた。

私はフィオナについて語るべきかどうかとずっと迷っていた。フィオナとはマリアの葬儀のときに一度すれ違ったことしかない。私は、そのときフィオナの具合が悪いことを知っていた。それからしばらく経って、偶然がまた、私をマリアのほうに引き寄せた。フィオナのプレス担当から、もうすぐ彼女が本を出版し、そのなかでマリアについても描かれていることを聞いたのだ。私はフィオナに会って話を聞くことにした。彼女のアパルトマンはパリ北部の住み心地のいい地区にある。おしゃれな若いカップルが、貧しくてパリを離れざるを得ない家族に代わって猛スピードで移り住んでいる地域だった。オーガニックの店やヴィーガンのレストランがオープンした影響でアラブ人経営の食料品店は閉店し、ひげを生やし、大きすぎるサングラスをかけた人たちが、高級なベビーカーを押して狭い歩道から老人たちを押し出していた。

フィオナの部屋は一階にあった。マリアの部屋と同じように、たくさんの物や家具、布やカーテン、思い出にあふれていた。花とお菓子を手土産に持っていくと、フィオナは嬉しそうに花を花瓶に生け、お菓子はテーブルに置いた。そして紅茶と煙草を出してくれた。フィオナの声はあなたに似てしゃがれていた。煙草をたくさん吸い、夜な夜なナイトクラブのスピーカーから出る音に包まれてきた人の声だった。彼女は私にすべてを話しながら時間を取り戻し、この再会を祝いたいと思っていたようだ。まず、自分の写真を探し出して床に並べた。一八歳、二〇歳、三〇歳、四〇歳と自分がいかに美しく、セクシーで男たちを虜にしてきたかを見せたがった。『プレイボーイ』誌でのグラビアやミレーユ・ダルクが撮影したヌードのシリーズも見せてくれた。私は、彼女にそんな時代があったことは忘れていた。いまの彼女の肌にはしわが深く刻まれ、依存症による傷跡が目立ち、記憶は混乱していた。フィオナはあのころより何キロも付いたお肉を自虐的に笑いながら、付き合った男たちの名を列挙する。彼女は、あなたと同じように顔を上げて胸を張っていたいタイプの人間だ。決して実現しないプロジェクトについても話してくれて、女優としてのキャリアがまだずっと続くものだと思っているようだった。そしてあなたに似て、健康や金銭の問題を隠そうとはせず、「(元パートナーの)ダニエル・エシュテルが家賃を肩代わりしてくれなければ、いったいどうすればいいの?」と言っていた。

その日、フィオナはとても興奮していた。テレビ局のTF1から彼女のルポルタージュを製作する話が来ていたのだ。あまりに嬉しそうなので、私は用心するようには言えなかった。テレビが求めているのは、はかない栄光からの転落の物語に違いない。きっと彼女もそのことを薄々感じていたはずだ。けれども彼女にとって、世間に何を言われるかより、テレビに映ることのほうが大事だった。フィオナはテレビ局から携帯で日常の様子を撮影するように頼まれ、伸縮式のスタンドを渡されていた。スタンドをうまく使いこなせなくても、彼女は楽しそうだった。フィオナにはどこか子供っぽいところがある。繊細で傷つきやすい少女のようなこの女性は、自分の書いた本が家族を怒らせてしまったと認めていた。まだ書店に並んではいなかったが、どうしても家族には読んでもらいたい、と事前に送ったのだ。それでも彼女は本を出版したことで鼻を高くしていた。再び雑誌のページを飾り、お金をたくさん稼ぎ、舞台や映画で新しい役をもらえる未来を想像していた。フィオナは、前に出した本はとても売れたのよ、とも言っていた。

けれども、自分の家族の反応に彼女は頭を悩ませていた。兄と義理の母から、エピソードをねじ曲げていると責められたという。「向こうが間違ってるのよ」とフィオナは言った。私は、記憶というものはもろく、断片的で個人的なものだと彼女に伝えた。それぞれが好きなように、過ぎゆく時のなかで、引き留められるものだけを思い出しているに過ぎない、と。フィオナを安心させようとしたのだ。さらに、真実は一つではなく、誰にでも自由に物語を語る権利があるとも付け加えた。そう言いながら、私はマリアについて書くときにつきまとう不安を拭い去ろうとしていることに気がついた。私は、必ず出てくるはずの批判の数々から我が身を守りたかったのだ。あなたが出会った人々からの批判、私の描くあなたの姿への反発。私に語る権利があるのかと非難する親族の顔が頭をよぎった。

フィオナはなかなか私を帰らせてくれなかった。彼女は小さな二つの部屋をぐるぐると回りながらクローゼットや棚をあさり、マリアの過去、というより自分の過去にまつわるものを探していた。失くした写真をどうしても見つけ出したいようだった。フィオナは、外の広告柱から夜にはぎ取ってきたマリアの巨大ポスターを取り出すと、それを床に広げ、上に座ってポーズを取り、「写真を撮って」と言った。そして、日付も名前もきちんと思い出せないまま次々と昔話を進めた。そのおぼろげな記憶についていくのはとても大変だった。父、母、義理の母たち、息子、入院、友人、恋人、放蕩、演じた役、マリア、マリアのパートナーのA、兄たち、コルシカ島、カンヌ、パリ、オレロン島……。出来事と場所と名前がごちゃ混ぜになる。私はその部屋のなかで、一家の女性たちを襲う不幸や貧しさを思い出して息苦しくなった。その日は雨模様で、少し晴れ間が見えたのをいいことに、フィオナを散歩に誘った。彼女は、お腹が空いたわね、近くに素敵なレストランがあるの、と言い、道すがら、知り合いの店主たちに私を紹介してくれた。彼女がその地域になじんでいることを知り、私はほっとした。レストランでは何皿か注文し、彼女はぺろりとたいらげた。

昼食後、私は極度の疲れに襲われた。フィオナはもっとしゃべりたがり、リードを付けた犬を連れてもっと歩きたがったけれど、私はすでに限界で、頭がぼうっとしていた。そしてあまりの疲れからメトロにも乗らずにタクシーを呼び止めた。家に着くとベッドに倒れ込み、三時間ぐっすりと眠った。

あなたには子供がいなかった。そもそも子供に興味がなかったのだ。私が子供の話をしたり、パートナーのAが甥っ子のいたずらの話をしたりしても、あなたは聞いているような顔をしていただけで、付き合いでその場にいるようにしか見えなかった。マリアは母になりたいと一度も思ったことはなく、最後まで怒りを抱えた少女でありつづけた。ただ、子供の世話をしているのを一度だけ見たことがある。それは、あなたが主演を務め、ルネ・クレマンが監督した『危険なめぐり逢い』の画面のなかでのことだった。あなたが、『鉄路の闘い』『禁じられた遊び』、そして情熱的な『太陽がいっぱい』を手がけたルネ・クレマンの最後の監督作に出ていたことは、たいていの人から忘れられている。『ラストタンゴ・イン・パリ』は、あなたのその後のフィルモグラフィーを無にしてしまうほどの影響力があった。監督のクレマンは、六〇年代末ごろからすでに評判や観客への興味を失っていて、一九七五年に公開されたこの『危険なめぐり逢い』は、内容がちぐはぐなサスペンスでヒットもしなかった。あなたが演じた〝ミシェル〟は、ローマに住む若い学生。生活のために夜はベビーシッターをしていて、ブルジョワの大邸宅に住む少年と一緒に誘拐されるというストーリーだった。

最初のカット、オープニングクレジットが出る前から、あなたの美しさは画面いっぱいにあふれていた。机の後ろに座っていて、赤いブラウスに白いズボン、肩まで伸びたカールした髪が全体のバランスを保っている。映画のなかでこれほどエレガントなマリアを見たことがない。別のカットでは、赤いコートの下に栗色のセーターとボルドー色のスカート、手には柳で編んだカゴを持って散歩しているマリアが映し出される。他の監督があなたの肌の黒さをカメラに収めたのに対し、クレマンはあなたの微笑みと肌の輝きを捉えた。代表作でもなく、『さすらいの二人』のような力強さはないものの、不思議と私はこの作品に一番心が揺さぶられた。この物語には誘拐のドタバタ劇だけでなく、一緒に暮らす女性二人の、ときに距離を置いた奇妙で深い友情が描かれている。共演者には悪役の常連であり、『荒野の七人』で脚光を浴びたロバート・ヴォーン、そしてのちにベルリンでエアロビクスの講師に転向したブロンドのアメリカ人、シドニー・ロームがいた。ミシェル（マリア）とアン（シドニー）はアパルトマンで一緒に暮らしている。ミシェルは建築を学び、アンは駆け出しの女優だ。アンの映画界での不運を見ていると、どうしても『ラストタンゴ・イン・パリ』のときのマリアが頭をよぎってしまう。アンはある役に抜てきされ、大喜びする。ここ数カ月、家賃もまともに払えていなかったのだ。その作品のなかでアンは相手の男性に性的な関係を迫られるシーンを演じることになり、監督はアンに服を脱ぐように指示する。彼女が抵抗すると、今度は相手役の俳優がアンを脅してくる。「この役を降りればお前はおしまいだ。またゼロからスタートしたいか？」監督と俳優が結託してアンを服従させようとする。アンが「そんなの脚本になかったじゃない！」と叫びながら現場を出て行くと、監督は

「何様のつもりだ。賢いから選ばれたとでも思ってるのか！」と彼女を見下し罵倒する。そして最後に、アンは自らの命を絶つ。マリアが演じるミシェルは、浴室で、赤い血の海のなかで手をだらりと開いた全裸のアンを見つけるのだった。

鼻の大きすぎる女がいる。殴られて顔がゆがんだ女、口紅が顎まで垂れ、マスカラが流れ落ちた女、悲しげな目をしてタトゥーの入った裸体をさらしている女。笑いながら壁の鏡で自分の姿を見る女、娼婦姿の女、ドラッグで陶酔した目、煙草を吸う女、シャワーを浴びるか、染みのついたマットレスの上で物憂げな表情をする女、踊り、セックスをし、泣き、自慰をする女。お腹の大きい女、結婚する女。女を愛する女、男を愛する女。そして男たちもいる。妻をめとる男、セックスの後、しわの寄ったシーツの上で死体のように転がる男、ヘロインを打つ男、歯がクスリでぼろぼろのハンサムな男、酒を飲む男、エクスタシーに達する男、エイズにかかった男、とてつもなく汚いトイレで小便をする男、射精する男、冗談を言う男、憂鬱な目で曇ったガラスの向こうを見つめる男。女を愛する男、男を愛する男。

写真家ナン・ゴールディンが七〇年代から撮影してきた七〇〇枚のスライドは、まるでポーズを取る被写体たちによる手書きの航海日誌のようだ。見知らぬ人、たくさんの身近な人、なかには何度も登場する人たちの姿もある。ゴールディンがベルリン、メキシコ、ボストン、ニューヨーク、パリと小休止を交えながら何十年にもわたって彷徨してきた結果だ。撮影場所は街角、パーティー、質素なホテルの一室、不潔な浴室など。ゴールディンは、それらの写真を集めて

『The Ballad of Sexual Dependency（性的依存のバラード）』というタイトルで出版した。アメリカのロックバンドのヴェルヴェット・アンダーグラウンドやジミー・ソマーヴィルの曲、ビゼーの『カルメン』、さらにはスクリーミン・ジェイ・ホーキンスが一九五六年に書いた「I Put a Spell on You（僕は君に魔法をかけた）」など、ハイになる音楽が流れる撮影現場に共通していたのは〝依存〟だった。性的依存だけでなく、愛情、暴力、アルコール、ドラッグ、不幸、強烈な感覚への依存。二〇一七年の冬には、ニューヨーク近代美術館《MoMA》でナン・ゴールディンの写真展が開かれた。最初の展示室には、何枚かの写真と過去の写真展のポスターが展示されていた。私は映像が流れている真っ暗な部屋に入り、座った。二つの体と、痛めつけられた二つの顔のあいだから、マリア・シュナイダーの写真が目に飛び込んできた。あなたと同じ名前のマリア・カラスが歌うオペラ『カルメン』の「ハバネラ」の一節〝恋はボヘミアンの子〟が聞こえてくる。あなたはオペラが大好きだった。でも、堕落した人たちと並べられるのを喜んだかどうかはわからない。

ナン・ゴールディンとマリアは十年来の友人だった。二〇〇一年に、『ヴォーグ』誌が「ストリップ・プロジェクト」と題するポートレートのシリーズをゴールディンに依頼する。被写体として、マリアをはじめさまざまな女性が選ばれた。当時、あなたは写真の撮影をすべて断っていたけれど、ゴールディンと初めて会ったその日、撮影をすぐにオーケーした。ゴールディンは、あなたにどう接すればいいのかわかっていて、決して服を脱ぐようにとは言わなかった。そして、あなたも撮影に満足していた。撮影された写真はまるでルネサンス期の絵画のようだ。黒いシルクのシャツに、いつものようにジーンズをはき、輝く髪は背中の下のほうまで伸び、長いイヤリングが揺れている。一番マリアの髪が長かったころだ。アンダルシアの扇子がマリアの腿の上に置かれている。背景には模様のあるカーテンが二種類かかっており、一枚は鮮やかな赤色だった。あなたが真っすぐ座るソファは、さまざまな布で縁取られている。写真展で使われていたのは、このとき撮られたシリーズの一枚だった。「ストリップ・プロジェクト」の他のページには、マギー・チャン、マリア・デ・メデイロス、ジョアナ・プレイス、ドミニク・サンダの写真が並んでいる。

ナン・ゴールディンとマリアはこの撮影以降、離れることはなかった。マリアのパートナーのAもいっしょにゴールディンの撮影スタジオで過ごすようになり、三人は定期的に一緒に夕食を食べた。きっと映画のことやタブーなしのお互いの人生のこと、アメリカやドラッグのこと、ヘロインを断つには鎮痛薬メタドンとマリファナのどちらがいいか、バイセクシュアル、人生にリズムを与える数々のパーティー、疎遠だったときや親密だったときの互いの人生、出会う前の数十年などについて語り合っていたのだろう。つらい話題もあったはずだ。お互いに似たような悲劇を味わっていた。ゴールディンの姉の自殺、マリアの弟の自殺、生と死の狭間を楽しむような堕落した日々、綱渡りの人生についても話したかもしれない。いや、どれも話していないかもしれない。

私がまだ子供のころ、ジャンが家にいることがあった。ジャンは私の父より二〇歳年上の一番上の兄で、ときどき我が家に訪ねてきた。ジャンは、〝本物〟のシュナイダーだ。みんなから〝ジャノ〟と呼ばれていて、長男として母親からは愛されていた。その時代には珍しく、同性愛者であることを隠さない人だった。自身の恋愛を赤裸々に語るので、みんなはいつも困惑していた。クルーズ船で気取ったウェイターをやりながら男たちをたくさんモノにした話とか、知り合いから譲り受けた消防士の格好でオペラ座に行った話とか、最初の男は戦時中に彼の家の領地を占領していたドイツ軍兵士だったとか、二番目は占領地解放時に出会ったアメリカ軍兵士だったとか。あまりにいろいろな話があって、本当かどうかは怪しいけれど、すべてが作り話とも思えなかった。彼が話し始めると、父も母も気まずそうだった。彼の口からは何が飛び出すかわからなかったからだ。そういうときはいつも、二人は急ぎの用事を思い出す。キッチンにコーヒーを取りに行ったり、残っている洗い物を片付けに行ったり。それでも誰ひとりとしてジャンの話からは逃れられなかった。ジャンは部屋から部屋へとついてきて、決して私たちを解放してくれないのだ。なかでも飽きずに繰り返す話があった。その話のたびに、冗談のようにおどけてこう言った。「考えてみれば面白いだろ？　マリアが『ラストタンゴ・イン・パリ』でマーロン・ブランドと寝る二〇年も前に、俺はあいつと寝たんだ！」戦後、彼がニューヨークに渡ったころの話らしい。アメリカで大儲けしてくると約束し、ジャンは家族のもとから旅立った。次に妹や弟たちと会うときには、両手に金《きん》を抱えて帰ってくるはずだった。けれども、その冒険は思うようにはいかなかった。アメリカの地では、怪しい港で若い肉体を探す同性愛者たちを除いては、誰もジャンを待っていなかった。そして彼は、まさにそこでマーロン・ブランドに会ったという。ブランドが俳優になる前のことで、ジャンと同じようにマンハッタンの波止場で客引きをしていたらしい。その話を聞いても私は驚かなかった。まだ子供だったけれど、この一家に関しては、どんなにすごい話を聞かされても驚かなくなっていた。ジャンはマリアの前でもこの話をしていたのだろうか？　きっとそうだろう。マリアの人生には何もかもが容赦なくふりかかってくるのだ。

マリアはジャンに会うのを嫌がった。ジャンの母親、つまり私たちの祖母を除いて、誰もジャンに会いたいと思っていなかっただろう。彼は声が大きくて、わざとらしいぐらいに陽気で、いつも周囲の注目を浴びてしまい、私たちは恥ずかしい思いをする。彼が家にいると騒がしくて、いろいろな場所を歩き回るので、壁越しに隣人に話を聞かれるのではないかとひやひやした。突然姿を消したと思うと、三〇分後に得意げに戻ってくることもあった。メトロの高架下の公衆トイレで男とヤッてきたという。そのトイレは、我が家の建物を出たすぐのところにあった。まるでバゲットでも買ってきたような口ぶりだった。そういう話になると、母は用事を見つけて部屋を出て行き、父は明らかに不機嫌になった。子供のいるこの家で、自分の兄が肉体関係を開けっぴろげに話すからではない。両親は精神分析家のフランソワーズ・ドルトから「子供に隠し事をしてはいけない。タブーな話題などない」と言われていた。父がジャンに腹を立てていたのには別の理由があった。「家の前でやめてくれ！　知り合いがいるこの界隈で。やりたいなら、どこか別の場所でやれ！　公衆便所なんて吐き気がする！」父はそんな事実を知りたくなかった。兄からそんな話は聞きたくもなかった。ある日を境に、ジャンは我が家にあまり姿を見せなくなり、そのうちぱったりと来なくなった。父はこれ以上ジャンに会いたくなかった。会えなかった。もう限界だったのだ。ジャンはそれからはときどき連絡をよこすようになり、酒が原因で病気になると、定期的に電話をかけてきた。父は毎回ため息をつきながら電話を切り、怒ったような悲しいような顔をしていた。いったいいつになったらこの狂気の沙汰から逃れられるか、とでもいうように。

私が実家を出てしばらく経ってから、父から「ジャノが死んだ」と知らされた。夜明けごろ、ジャンはいつものように階下のビストロにパスティスを飲みに降りて行った。救急医療の医師に質問されたビストロの店員は「パスティス一杯。それだけ」と答えたという。彼は一杯のパスティスを飲んだだけで、タイル張りの床にバタンと倒れた。最後の一口を飲み干す間もなく。血中のアルコール量は八グラム。アルコールがそんなに微量なはずがない。きっと何かの間違いだろう、と私は父に言った。けれども、それが病院から知らされた正式な数字だった。この家系の人間は、中途半端なことはしない。酒を飲めば、八グラムでも死ぬのだ。

近年のあなたは、父とジョルジュ叔父さんが考えた〝ルーマニア風クリスマスディナー〟に顔を出していた。親戚一同が、今年は私の実家、来年はジョルジュ家というように交互に集まるのだ。ルーマニア風といっても名ばかりで、誰もルーマニア料理など知らなかったし、ルーマニアを訪れたことがある人もほとんどいなかった。そのうえ、実際には集まるのはクリスマスの時期でもなかった。みんなのスケジュールを合わせるといつも一月の末ごろになるからだ。でも、たとえ年に一度であっても、自分たちが普通の一家とほぼ変わらないと思える貴重な機会だった。マリアは、ジョルジュ家で開かれるクリスマスディナーのほうが好きだった。私の実家は居心地がいいとは言えないようで、シャンパンや赤ワインを大量に飲んだ夜でさえ、あまりリラックスしていないように見えた。マリアがまだあの病におかされる前、親戚との関係を取り戻そうとしていたころのことだ。あなたが「今度、いとこだけで食事をしよう」と言い出し、私がみんなに声をかけることになった。そうして、当時私が住んでいて気に入っていたマルテル通りの小さなアパルトマンに招待し、あなたと私と二人のいとこことでテーブルを囲んだ。栗のポタージュをつくるのにかなり苦労したのを覚えている。たくさん飲んで、たくさん笑って、またすぐに集まろうと言いながら私たちは解散した。その後、マリアは病におかされ、もはやいとこ同士の夕食会どころではなくなった。

死の数カ月前、あなたは「母親に会わなければ」と何度も口にしていた。「会いたい」ではなく「会わなければ」と言っていた。次第にその言葉を発する回数は増えていき、ますます不安が募っていくようだった。癌におかされていることを自身の母親に伝えたとき、受話器の向こうから深いため息が聞こえてきた。「ほんとに心配ばかりかけるのね」それでもなお、あなたはその母に会わずにこの世を去りたくなかった。それなのに、母親が住んでいたニースへの訪問は何度も延期された。時間がないとか、治療で消耗しているとか、飛行機でのパニックが心配だとか、あなたはさまざまな理由を並べた。母親がタヒチに住んでいたときには、「飛行機で二〇時間、煙草が吸えないってことよ。無理、そんなの絶対に無理」とマリアは言っていた。そのあと、さっさと話を終わらせるようにこう言い放つのだ。「ポリネシアでやることなんてなんにもないわ。穴みたいに狭い所に閉じ込められて地球の向こう側に行く気になんてとてもなれない」実際にタヒチを訪れることはなかったけれど。でも今回のニースは違う。タヒチのパペーテよりずっと近くて、なによりマリア自身に死が迫っていた。結局あなたは、ニースに向かった。飛行機代は、あの〝ブリジット〟が支払ってくれたらしい。向こうで何があったかはわからない。数日後、あなたは、夜に親に甘えられなかった子供のような悲しい顔をして帰ってきた。

母から電話が来た。ジャック・リヴェットが亡くなったという。母はとても動揺していた。自分が映画館に通いつめていたころ、リヴェットが『カイエ・デュ・シネマ』誌のころから彼のことを知っていたのだ。その後、マリアを通してこの監督と再会することになる。マリアとリヴェットはお互いに深い思いやりでつながっていた。一九八一年、あなたが主演を務めたリヴェット監督の『Merry-Go-Round（メリー・ゴー・ラウンド）』は、姿を消した女性から呼び出された二人の若者が、シャルル・ド・ゴール空港のホテルで出会うシーンから始まるサスペンス映画だ。当時、マリアの評判は地に堕ちていて、どんな巨匠もあなたをキャスティングするリスクを冒そうとはしなかった。ところがリヴェットはマリアに声をかけ、それだけでなく、自分で共演者を選ぶように言ってくれたのだ。あなたは、アンディ・ウォーホルのアイコンであるジョー・ダレッサンドロを共演者に強く推した。その他にも、モーリス・ガレルやフレデリック・ミッテランがクレジットに名を連ねている。さらに監督は、あなたが自信を持てるようにいろいろと配慮してくれた。彼のこの素晴らしい貴重な心づかいを、マリアは決して忘れることはなかった。

マリアの死の半年ほど前、リヴェットは芸術文化勲章の授与式に出席した。マリアと同時に勲章を授与された女優、ビュル・オジエに招待されていたのだ。その式は、ヴァロア通りにある文化省のレセプション会場で行なわれた。パレ・ロワイヤルの庭園を望む広い長方形のその部屋には大きなシャンデリアがあり、壁には青と金の布と繊細な羽目板が施されている。当時の文化大臣フレデリック・ミッテランは、マリアの病がかなり進行していることを知り、芸術文化勲章シュヴァリエを授与したいと考えた。あなたは勲章を熱心に追い求めるタイプではなかったけれど、今回は特別な喜びを感じていたようだった。それはフレデリックも同じだった。勲章を授与することは、彼にとってある種の謝罪でもあった。自身の映画館の出口から、ひどい状態のまま雨の降る街へ一人で帰してしまったことへの謝罪だ。「あなたは気づいていただろうか？　あの最初の悲しい出会いが今日につながっていることを。あの日にこそ、こうすべきだったのだ。それが遅くなってしまった。こんなに遅く」とミッテランは自著に記している。いいえ、遅すぎたなんてことはない。愛していると伝えるのに遅すぎることなどないのだ。

体力がかなり落ちていたマリアは、その日、やっとのことで自宅を出た。長い髪はすでに病の犠牲となり、おかっぱ頭を染めることもできなかった。そのマリアの髪を初めて見たとき、あまりの白さに心がとても痛んだ。マリアは明るいブルーのジャケットにジーンズ姿、目の周りを黒く囲み、口紅を塗っていた。がりがりに痩せていて、立っているのも、次々と周りを囲んでお祝いを述べる人たちの話をじっと聞いているのもつらそうだったという。大臣のスピーチのあいだ、あなたは立っていられず椅子に座った。ひどい暑さが体にこたえ、扇子であおいでも無駄だった。数年前から、あなたは常に扇子を持ち歩くようになっていた。でも、授与式の写真撮影のときだけは、扇子を閉じて笑顔を見せた。

マリアは上着の折り襟につけられた勲章を無意識に触りながら、それが本当に自分のものか信じられないといった様子のまま、また無名の人へと戻っていった。マリアはついに報いられ、大女優として認められたのだ。あなたは無意味な人生を過ごしたわけではなかった。もう旅立つ準備はできていた。

ベルナルド・ベルトルッチがついに謝罪を口にした。けれどもそれはあまりに遅すぎた。その声を聞くべきマリアはもうこの世にいない。あなたが亡くなった翌日、ベルトルッチはイタリアのメディアに対し、遅すぎる告白をした。「マリアは自分の青春が奪われたと私を責めた。でもいま考えると、その事実はあくまで部分的なものにすぎない。実際は、若さゆえに、予想を上回る成功の衝撃に耐えられなかったのだ」そこで話を終わりにしてもよかったのに、彼は何かを付け足さずにはいられなかった。いつもやりすぎてしまうタイプの人間なのだ。「彼女の死はあまりに早すぎた。彼女に優しく口づけをして、君とは出会ったときから絆を感じたと伝えられなかった。少なくとも、一度でいいから謝りたかった」マリアは謝罪など望んでいなかった。ましてや口づけなどあなたが望むわけがなかった。

マリアは、自分に死刑を執行したあの男とは二度と会うことはなかった。ただ一度を除いては。それはあの作品が公開されてから何年も経ち、日本で行なわれた映画祭での出来事だった。あの男が来ていることを知らなかったマリアは、劇場を出たところでばったり彼に出くわしてしまう。彼はとても気まずそうだった。そこにいた誰かが二人をお互いに紹介しようとした。まるで時間が経ったせいで、相手が誰だかわかっていないかのように。「どうも」とあいさつを交わそうとしたその男に向かって、あなたはぴしゃりと言い放った。「この人、知らないわ」それは『ラストタンゴ・イン・パリ』のラストで、マリアが演じる〝ジャンヌ〟が、マーロンが演じる〝ポール〟を殺したあとに言ったセリフだった。

マリア、あなたの存在はいまでも、いつまでも私から離れない。人生の巡り合わせが、常に私をあなたへと導いていく。もうこれ以上、あなたのことを調べるのはやめよう、事実より想像力を働かせようと誓ったときにかぎって、不思議と、情報を集めるように仕向けられるのだ。二〇一五年一〇月の終わり、私はパリ六区の日本食レストランにランチを食べに行った。洗練された料理とシンプルな内装、値段は目玉が飛び出るほど高かった。店のなかで、痩せた体に白い長髪のシルエットが目に入り、私は思わず食事相手の話を遮った。二つ隣のテーブルでパティ・スミスがエージェントと食事をしていたのだ。彼女は小声で語り、スープを飲み、数切れの刺身を少しずつ口に入れていた。私は直接彼女と話がしたいという思いに駆られた。パティはほとんど食事を終えていて、私はまだ注文もしていなかった。私が話しかける前に出て行ってしまうかもしれない。彼女に聞きたいことがたくさんある。するとエージェントの男性が立ち上がり、上の階のトイレに行った。私は興奮したファンのように彼のあとを追い、トイレの前で待った。男性が出てくると、私はしどろもどろになりながら自己紹介をした。マリアのいとこです、曲を聴きました、ほんの少しでもいいからパティと直接お話がしたい。男は困った様子で、「いまはタイミングが悪い。ロンドンから着いたばかりで彼女はとても疲れているし、明日にはライブがある。

でも話はしてみるよ」と答えた。一五分ほどして顔を上げると、目の前にパティ・スミスが立っていた。私は固まって動けなくなった。彼女のほうから遠慮がちに手を差し出してくれた。私は立ち上がった。彼女は微笑み、その笑みの周りには年齢を表すような白いうぶ毛が生えていた。彼女は外見など気にしないのだろう。すべては歌に書いてある、とパティは言った。そして、マリアの死にとても動揺した、とも。それ以上は何も言わなかった。私が「いつ、どこでマリアと出会ったのか覚えていますか?」と聞くと、すぐに答えが返ってきたので驚いた。彼女は、まるで昨日の出来事のようにこう答えた。「一九七三年、ロサンゼルス」

翌日、パティ・スミスはオランピア劇場のステージで、プラチナチケットを手にしたファンたちを前にして、亡くなった人たちの名前を一人ひとり挙げた。あなたの名前が会場に響いた。マリア・シュナイダーは喝采を浴びたのだ。

『ラストタンゴ・イン・パリ』のあのシーンは、必ずどこかに姿を現す。執筆を進めているあいだも、私のツイッターのアカウントには、劇中の写真が次々と現れた。アメリカ版『エル』が、例の〝強姦〟のシーンについて再び問題提起をしたことがきっかけだった。二〇一六年の秋、欧米諸国では、芸術家たちによる女性へのレイプや若い娘たちへの性的暴行が次々と明るみに出ていた。写真家のデヴィッド・ハミルトンは、撮影当時まだ若かったモデルたちから「性的暴行を受けた」と訴えられ、数日前に自殺していた。アメリカ大統領夫人ミシェル・オバマは、ドナルド・トランプの性的暴行について痛烈に批判した。沈黙の時代は終わったのだ。人々は、恥辱よりも発言することを選び始めていた。

『エル』は、パリのシネマテークで二〇一三年に撮影されたベルトルッチの映像を発掘した。ベルトルッチは完全にリラックスした状態でこう語っている。「バターのシーンは、当日の朝にブランドと思いついた」彼はひどいやり方だと思ったことは認めつつも、次のように釈明している。「女優としてではなく、一人の娘としての反応が欲しかった。辱められたと思わせたかった」マリアの死の翌日の発言とはうって変わって、罪の意識はあるけれど、後悔はしていない、と述べた。「何かを手に入れるには、完全に自由でなければならない。マリアには屈辱や怒りを演じるのではなく、感じてほしかったんだ。あの日から生涯、マリアは私のことを憎んだ」すべては芸術のためだった。監督にとって、マリアはやむをえない犠牲に過ぎなかったのだ。あなたは何度も訴え、叫んだけれど無駄だった。誰もあなたの声を聞こうとはしなかった。ただの薬物中毒者は、聖なる怪物たちを前に為す術もなかった。

その映像が撮影された二〇一三年当時、監督の発言を話題にすべきだとは誰も考えなかった。しかし、今回インターネット上で表沙汰になったことで、この映像はまたたく間に炎上した。まず米『ニューヨーカー』、英『ガーディアン』が取り上げ、次に『ヴァニティ・フェア』、スペイン、ラテンアメリカ諸国、イタリアなどのメディアが次々と報じた。罪深き人を告発し、性の解放の名のもとにあらゆる被害が覆い隠された七〇年代を断罪する時が来たのだ。『パリジャン』はアメリカ版『エル』の記事をこう引用している。「『ラストタンゴ・イン・パリ』でベルトルッチとブランドはマリア・シュナイダーへの強姦を計画した」ツイッター上で、世界中で、あらゆる言語で論争が巻き起こった。人気女優ジェシカ・チャスティンは、「この作品を愛するすべての人へ。あなたは一九歳の若い女性が四八歳の男に強姦されるところを見ている。監督がこの暴行を計画したのだ。本当に気分が悪い」と辛辣なメッセージを投稿し、そのツイートは何万件もリツイートされた。

突然巻き起こった批判の嵐に対して、ベルトルッチは沈黙を破り、さらに議論を加熱させるような声明を発表する。「私は、『ラストタンゴ・イン・パリ』について世界中のメディアで書かれている馬鹿げた誤解について、事実を明らかにしたい。今回が最後だ」過去の自分の発言を取り上げ、そこに新しい弁明を付け加えた。「かつて、マリアはあの暴力について知らされていなかったのではないかと考えた人や、いまでもそう信じている人がいる。だがそれは違う！　マリアはすべてを知っていた。脚本にはすべてが書かれていた。書いてなかったのはバターを使うということだけだ」嘘だ。マリアが反論したくても、マリアの側から〝馬鹿げた誤解〟について説明したくても、もうマリアはこの世にはいない。監督はそのことをよくわかっていた。

二一世紀のいま、マリアのことを知る人は少ない。けれどもこの時代は、不道徳な罪を償い、古くからある退廃の空気を決して擁護しない時代となるだろう。世間は被害者たちの声に耳を傾け、加害者たちはメディアのさらし者となる。マリアの加害者がみじめな言い訳を並べているあいだに、他の犠牲者たちが沈黙を破って声を上げ始めた。歌手のレディー・ガガとマドンナは「いまこそ大きな声で『私たちは犯された』と叫びを上げる時が来た」と訴え、俳優であり映画監督のティム・ロスは、自身を幼いころに暴行した人を名指しした。それは彼の祖父だった。小児愛、近親相姦、レイプなどさまざまなケースが明るみに出て、加害者たちは好奇心の餌食となった。しかも、これは序章にすぎない。その一年後、ハリウッドの大物で絶大な権力を誇るプロデューサーのハーヴェイ・ワインスタインが、女優たちに性的暴力を加えたとして告訴され、一気に炎上した。人々の発言は止まらず、「映画界にはびこる性暴力の文化」と批判する記事が書かれ、その象徴として、必死に抵抗するマリアの上に覆いかぶさるブランドの写真が取り上げられた。あなたの死後、六年の月日が経っていたというのに、『ラストタンゴ・イン・パリ』は世の中から決して消えなかった。「ブタ野郎をたたきだせ」というハッシュタグをつけて、あらゆる立場の女性たちが性犯罪を告発していった。

あなたにとっての〝ブタ〟であり、映画公開から長い年月が経ってから矛盾した発言をする老いぼれたベルトルッチを見て、マリアはきっと哀れんだだろう。自分を脅した男がこれほど怖気づき、不安を感じているのを見て愉快に思っただろう。いまや資金集めや新作の製作に苦労しているベルトルッチは、弁解してまで自分の利益と後世に残るイメージを守ろうとしているようにしか思えない。そのことに、あなたはきっと気づいたはずだ。ひょっとしたら、そのことをわざわざ口にも出さず、少し微笑んで、あなたらしく皮肉っぽく口をとがらせるだけだったかもしれない。

あなたが最後にテレビ出演したとき、私は付き添いをした。あなたはもう長いあいだ、撮影もインタビューも受けていなかった。しばらく前に、『リベラシオン』から最終面にポートレートを載せたいというオファーがあったけれど、それも断っていた。ベルトラン・ブリエ監督の『Les Acteurs（俳優たち）』に自分自身の役で出演したときのことだ。新聞の裏一面に写真が載るのは、どんな女性にとっても魅力的なオファーだ。あなたを除いては。私の娘の父親はテレビ局のフランス4でカルチャー番組の制作責任者をしていて、その番組の司会者たちは、マリアの出演を熱望していた。あなたは、イタリアの新人監督映画祭を支援していて、その宣伝のために出演を承諾した。

マリアは緊張した面持ちで楽屋に入った。Aも一緒だった。私とAはあなたの近くを離れないと約束した。遅い時間にナイトクラブで行なわれる生放送の番組で、バーカウンターは飲み放題になっていた。マリアはリラックスするために赤ワインを一杯頼んだ。あなたはメイク係のペンシルが顔に触れるのを嫌がり、「自分でやるわ」とポーチのなかから太字の黒ペンシルを取り出して目を囲む。そしてファンデーション、マスカラ、口紅とメイクを施していく。それから、こちらに振り向き、これでいいかしらと聞いてきた。プロに任せたほうがもっときれいに仕上がったに違いない。でも、そんなこと、口に出しては言えなかった。その日の午後、あなたは映画のタイトルや宣伝する映画祭の情報を必死に覚えていた。

本番になると、マリアは紙を忍ばせた透明の赤いプラスチックケースを握りしめた。まるでカンニングペーパーに頼る小学生のように。格好はいつものようにジーンズと男物のシャツ、ボルドー色の七分丈のジャケット。髪はとても長く、くせのある前髪が額を覆っていた。ダンスフロアから聞こえる音楽が邪魔なようで、何度もイヤホンを調節したり、質問を聞き返したりしていた。司会者はあなたの緊張を感じ取り、気難しいアーティストの気をよくさせて聞きたいことを引き出すという昔ながらのテクニックを使おうとした。あなたは、出演した約五〇本の作品について言及されると、微笑みを浮かべ、気取った様子で訂正した。「五八本よ」ちらっと出ただけの作品も数えればその数になるのだろう。あなたはその日、お行儀のいい娘を演じるつもりはなかった。イザベル・アジャーニが主演を務め、マリアが小さな役で出演していた二〇〇二年に公開のレティシア・マッソン監督『愛のはじまり』について聞かれると、「すごくいいわけじゃないし、安易でうわべだけの作品ね」と答えた。そして、イタリア映画、特にネオレアリズモの作品を観て女優を志したことを微笑みながら語り、『情事』『欲望』『赤い砂漠』といった作品を挙げた。司会者はあなたの話を丁寧に聞いていた。しかし、本当に聞きたいことは別にあった。彼はなんとか『ラストタンゴ・イン・パリ』に話をつなげようとしていたのだ。あなたは気づかないふりをしていた。あまりに巧みに話をかわされるので、司会者はついに申し訳なさそうに質問した。あなたはこう答えた。「映画史に残る作品だけど、私は好きじゃない。ブランドはだまされ、冒瀆され、犯されたように感じていた。私も同じ。でも向こうは五〇歳、私は二〇歳だった」ベルトルッチについては、「生涯許さない」と答えた。一方でリヴェットやガレルといった監督の名前を出し、「彼らは俳優を、幻想のための〝モノ〟だと考えないの」と語った。そして突然、なぜこの場にいるのか思い出したかのように、イタリア映画に話を戻した。〝R〟の発音でわざと舌を丸め、伝説的な映画作家たちの名を歌うように挙げ連ねた。ゼフィレッリ、コメンチーニ、アントニオーニ、モレッティ、ベニーニ、トルナトーレ……。あなたのしゃがれた声を聞きながら、私はイタリアへと思いを馳せた。

その映画はフランスでは公開されなかった。私も観たことがない。でも知っていた。その数週間、一三区の私たちのアパルトマンは、この話題でもちきりだった。タイトルは『Une saison de paix à Paris（パリの平和な季節）』。一九八一年の作品で、監督はセルビア人のプレドラグ・ゴルボヴィッチ。その年の第一二回モスクワ国際映画祭に出品され、特別賞を受賞している。マリアはセックスシーンがないことを条件に、〝エレン〟役で主演している。当時、彼女はどんな作品の脚本にも同じ条件をつけると決めていた。共演はドラガン・ニコリッチとイタリア女優アリダ・ヴァァリ。アリダは一〇〇本以上の映画に出演していて、主な作品はヒッチコックの『パラダイン夫人の恋』、キャロル・リードの『第三の男』、ルキノ・ヴィスコンティの『夏の嵐』、ミケランジェロ・アントニオーニの『さすらい』、さらに、ベルトルッチの作品には一九七〇年の『暗殺のオペラ』、その六年後には『１９００年』に出演している。その二本のあいだに、ベルトルッチはあの屈辱的な『ラストタンゴ・イン・パリ』を監督し、マリアをめちゃくちゃにした。『Une saison de paix à Paris』について詳しくは知らないが、私の母が出演したことだけはわかっている。私の母が女優になる夢を抱いていたことを知っていたマリアが、彼女に小さな役を用意してくれたのだ。ホテルの従業員の役だった。母は脚本を読みながら、昔、自分の母親に言われたことを思い出した。祖母はハイチ人で、ポルトープランスの上流階級育ちの美人だったけれど、性格の悪い人だったらしい。戦前にハリウッドの超大作に小さな役で数本出演していた。「映画に出たいなら、使用人の役は絶対に受けてはダメ。女中と言えば有色人種だと思われてるんだから」と。でも、私の母はその忠告を聞かなかった。当時、母は織り機で色とりどりのパールのネックレスをつくり、ベッドの後ろの黒い壁に釘を打ち、自分用のネックレスを壁に掛けていた。子育てのために書店の販売員を辞めて以来、この映画出演は初めての仕事だった。まだ四〇歳手前の美しさがあふれでていたころで、自分の楽しみのためだけに引き受けたのだ。

撮影当時、私は一〇歳ぐらいだったけれど、母があんなに笑っている姿は初めて見た。彼女は自分に関係のないシーンでも、少しでも長くその場にいたくて何時間も現場に残っていたらしい。母がホテルの受付に立っている白黒の写真がある。丸いアフロヘアに制服を着て、胸元の大きく開いたブラウスの上に、ボイルドウールのエスニック調のベストを羽織っている。顔の周りの電話のヘッドセットだけが似合っていなかった。ほっそりとした指が、重厚な木のカウンターのへりにそっと置かれている。そして写真のなかのマリアは虚空を見つめていて、反対側にはうつむいたセルビア人の俳優が写っている。誰もカメラのレンズは見ていなかった。受付の鏡には撮影監督の手に囲まれたレンズが映っていた。

それから何年も経ってから、私は偶然クレジットの下のほうに知っている名前を見つけた。ダニエル・ジェランだ。私たちの記憶だけに残っている作品で、マリアは家族のピースを寄せ集めようとしていたのだ。

水があまりに冷たくて、私の日焼けした肌は真っ赤になっていた。私たちは一時間ほど歩いて、ある滝を訪れていた。冷たい小石と硬くなった泥土の上に、水が大きな音を立てて砕け散っている。勢いは激しく、まるで巨大な霧吹きスプレーに囲まれているようだった。私は親友マリーの手を握っていた。彼女がここで誓いを立てようと連れてきてくれたのだ。ロサンゼルスから車で二時間の砂漠にあるタークイッツ滝。地元の伝説によると、ネイティブアメリカンの最初のシャーマンが住んでいた場所だという。その日、私たちは石ころだらけの道を裸足で歩こうと決めていた。ふと私は、この乾燥した壮大な景色のなかで、自分がマリアの姿を探し求めていることに気づいた。カリフォルニアに来るのは、この二年間で四回目だった。最初のうちは仕事やマリーと一緒に過ごすことが目的だったが、今回は、この本を書きつづけるためにこの地にやってきた。

一方、友人のマリーは自身の絵の展覧会を準備中で、それを手伝うという予定もあった。何回かカリフォルニアを訪れるうちに、私はマリアについて語るにはパリよりロサンゼルスのほうがいいと感じていた。あなたがここで暮らしていたからかもしれないし、ここでならあなたが吸った空気に浸り、あなたに注がれた光をたっぷりと感じられるからかもしれない。

あの三年の逃避行のあいだにいったい何が起きたのか？　撮影の合間にマリアはこの地に逃げ

てきていた。『ラストタンゴ・イン・パリ』のあとの三年間、マリアはパティ・スミスやボブ・ディランと出会い、ドラッグに溺れ、むなしい逃亡を頑なに続けた。そのときのあなたを私が知ることはないだろう。私も事実を知ろうとはしない。それよりも想像したいのだ。あなたのことを。

一九七三年、アメリカ。その年、最高裁判所が中絶の権利に合法の判決を下した。上院ではウォーターゲート事件に関する特別委員会が設置された。サウスダコタ州のネイティブアメリカンは居住区の生活環境について抗議し、自らの権利と土地の承認を要求した。混沌のなかでベトナム戦争が終結に向かった年でもある。一九七四年八月九日、リチャード・ニクソン大統領が辞任。一九七五年、アメリカに完全に見放された南ベトナムのサイゴンが共産主義陣営の手に陥落し、アメリカとソ連が通商協定を締結した。マフィアとの関係が深い労働組合の活動家ジミー・ホッファが失踪し、おそらくマフィアの手によって殺されたのもこの年だ。こういった時事問題にマリアが関心を持っていたかどうかはわからない。いつものように丈の長いシャツを着てイヤリングをつけ、手首の上で銀のブレスレットがカチャカチャと鳴っているマリアの様子が目に浮かぶ。マリアは、このいつも青い空を見上げている。カリフォルニアの地を、あまりに現実的な、かつ映画的な場所にしている空だ。マリアが、自分を褐色の髪の野性的なひとりの娘として見てくれる仲間を探す姿。アーティストやヒッピーに囲まれて、精神性を追求する姿。木造や色が塗られたコンクリート製の家のなか、さまざまな地区、車でしか移動できない四方に広がった街のなか、あなたを追う怪しい野次馬たちがいる街のなか……。普通ならひと目見ただけでは好きになれそうにないこの街のあらゆる場所にいるあなたの姿が目に浮かぶ。あなたの周りには音楽があり、ギターのコードとフォークソングのバラードが流れている。陽が沈めばキャンプファイアの火で手を温め、あなたは暑さと男たちのいやらしい視線から身を守るために浜辺では服を着ている。あなたを元気づける熱気に比べると海の水は冷たすぎて、波打ち際から遠く離れ、物憂げに過ごすあなたの姿を想像する。あなたは移動する。ある場所からまた別の場所へ。砂漠のなか、無気力に押しつぶされながら、世界の果てにしか見つからないような穏やかな感覚を求めて。

私はいま、ここにいる。この峡谷で、真っ二つに割れた平らな岩に横たわっている。そして遠くを見る。砂漠の向こうを、万年雪を抱き、そびえ立つ山の彼方を。これほどあなたを近くに感じたことはなかった。

それは、マリアが一番好きな作品だ。けれども、開始二九分でようやくマリアは姿を現す。主演級にもかかわらず、なかなか登場しないのだ。この遅すぎる登場は当時の映画界における女性の立場を如実に表している。あなたはベンチに座って本を読み、緑色のブラウスを着て、ショートカットの髪がまるで冠のようにふんわりと顔を囲んでいる。子供のような笑みと頰のふくらみは、まだ薬物によって奪われていない。主演俳優と並ぶあなたの姿がまた現れるまで、三〇分以上待たなければならない。そして再び、あなたはベンチで本を読んでいる。当時、人々はよくベンチに座って本を読んでいた。携帯をいじるわけでもなく、イヤホンをつけているわけでもなく。あなたはスカートをはき、花柄のシャツを着ている。男と女はバルセロナにいて、公園の迷路のような小道で出会い、ガウディの話をする。

『さすらいの二人』は、ある男の魂の破滅を描いた作品だ。主演はジャック・ニコルソン。彼が扮する〝デヴィッド・ロック〟という名のジャーナリストは、アフリカでドキュメンタリーの撮影をしている。デヴィッドが辺鄙な場所にある安ホテルで、隣室のビジネスマンが不自然な状況で死んでいるのを発見し、その男になりすますところからゆったりと抑えたテンポのサスペンスが始まる。偽のビジネスマンとなったデヴィッドは、本物の悪党に追われ、免れられない死を迎える。あなたの演じた女性については何も詳細が明かされることはなく、どんな人生を送ってきたのかもわからない。そこにいるけれど、そこにいないようで、とっくの昔に人生を捨てたようでもあり、まるで亡霊のように映像のなかを通り過ぎていく。あなたはこの男に出会い、ただあとをつけるためにそこにいる。あなたは最後にもう一度、男に従う女を演じるけれど、タンゴのときとは違って合意の上だ。二人は行きずりの関係になる。ほとんど言葉は交わさず、互いの視線だけで理解し合い、セックスをしなくても愛し合っているように見える。ニコルソンはあなたより一五歳年上で、当時すでにハリウッドで高い評価を受けていた。デニス・ホッパー監督『イージー・ライダー』やロマン・ポランスキー監督『チャイナタウン』に出演し、『さすらいの二人』と同年の一九七五年には『カッコーの巣の上で』が公開されることになっていた。あなたは彼を尊敬していたけれど、そのキャリアには興味がなかった。ブランドに対してと同じように、あなたは追っかけのように振る舞ったりはしない。相手が有名かどうかは関係なかった。この作品の監督が一九六七年に『欲望』でカンヌ国際映画祭のグランプリを受賞したミケランジェロ・アントニオーニであっても、ベルトルッチのときと同様に萎縮することはなかった。父のダニエルを除いて、それも一時期にすぎなかったけれど、あなたが夢中になった人物はいなかった。

マリアはロサンゼルスから帰ってきた。別の大陸のまったく違う世界から、暑さとヘロインでぐったりとして帰ってきた。ビールでマンドラックスを飲み込んでいた砂漠の遊歩道から、そしてマリファナにまつわる人々のもとから戻ってきたのだ。けれども、この作品でアントニオーニが撮影場所に選んだ南スペインは、乾燥した木々がまばらに生えていて、ロサンゼルスと環境が大きく違うわけではない。あなたは自分のリズムで生きつづけ、太陽の下でふさぎ込んでいた。この作品の物憂げな雰囲気はあなたにぴったり合っている。長回しのなかに切迫した緊張感がみなぎり、身分を偽ること、自分はいったい何者なのかという問い、自分の人生を捨てて他人になるという普遍的な誘惑が描かれた作品だ。

英語でのタイトルは『The Passenger（通りすがりの人）』。あなたはただの通りすがりで、そこにいる。ニコルソンもそこを通りかかる。あなたが彼の逃亡に手を貸し、彼があなたの自己逃避に手を貸すのだ。

あなたが病におかされていたとき、〈ＲＵＣ〉で何度も一緒に食事をした。ルーブル美術館にほど近いブラッスリーで、コスト兄弟が改装をプロデュースした店だ。自宅から近いことだけでなく、あなたはその豪華な内装を気に入っていた。赤いビロードのソファ、黒く光沢のある金縁のテーブル、控え目な接客。この店では、あなたは柔らかい繭《まゆ》のなかにいるような気分になれた。店に入って左側、窓を背にした柔らかな長椅子のある場所がお気に入りだった。事情通の店員たちは、女優が来れば、たとえ落ち目の女優であっても愛想よく迎えた。あなたも長年、この店で歓迎されていた。病気になってからもそのサービスはあからさまには変わらなかったけれど、あなたは次第に店にとって迷惑な存在になっていく。髪は白く、顔はいままでにないほどやつれていて、目の下はたるみ、何度も大きな咳をして、息苦しそうに食事をした。切除した肺に空気がうまく入らず、皿の上に吐いたこともあるという。マリアはこの店だけではなく、行きつけのどの店でも歓迎されなくなっていった。モデルのようなスタイルの店員たちは、いら立ちながら哀れむような目であなたを見た。健康な人にとって、病人は嫌なものなのだ。

幸いにも私の母が撮った写真が残っていた。マリアが歩き始めたころから撮られてきた大量の写真とフィルム。治る見込みのない病に蝕まれるあなたの姿を思って眠れないとき、その顔色の悪さ、真っ白な髪、瘦せた体、喉から出てくる不快な息を忘れたいとき、私はその写真の海に沈んで穏やかな気持ちになる。あなたは気づいていたかもしれないけれど、私も病人は苦手だった。私にとっては、臨終とか最期とかよりも、突然死のほうが身近だったから。すでに運命は決まっているというのに、きっと治るとあなたの口から聞くのが嫌だった。もう長くはないと悟った人たちのあなたを見る目も嫌だった。あなたの微笑みや瞳の輝きのなかに、過去の美しさの名残を探してしまうのも嫌だった。病気のことを常に思い出させ、会話を遮る咳も嫌だった。正しいとはわかっていても、あなたから煙草の害について聞かされるのも嫌だった。煙草はあなたそのものだった。幼いころ、顔をうずめたあなたの髪からは、よく煙草とパチョリの香水が混じった臭いがしていた。

その人の声は、心の準備ができる前にいきなり聞こえてきた。私は、新聞の記事を書くためにサン＝トロペにいた。その日、ブリジット・バルドーの夫、ベルナール・ドルマルと昼食をとっていた。私が担当する六回シリーズの特集で、この漁港のアイコンであり、世界中の大物たちに愛された一人の女性を取り上げようと考えていた。あなたが〝ブリジット〟と呼んでいたその女性は、ずいぶん前からこの地で静かに暮らしている。彼女は街に出かけることもなく、動物園と化した二軒の自宅をこっそりと往復するだけで満足だった。一九七三年にポール・ドゥメール通りで誓った約束を守りつづけていたのだ。この地に移り住んで以降、彼女は一本の映画にも出演することなく、動物愛護の活動に人生を捧げていた。ブリジットの体調は芳しくなかった。彼女にとっては、そんな姿を見られるよりは、さんざん写真に撮られた時代の抜群のプロポーションを思い出してもらったほうがよかったのだろう。彼女は、誇り高く、人付き合いを嫌い、古い街並みを裸足で歩いた。過去の美しさが重荷となり、毎日、玄関の前に集まってくるファンたちに老いた現実を突きつけたくはなかった。いまや彼女は、夫を通してしか外の人と話をしなかった。夫はエレガントな実業家で、大物政治家ジャン＝マリー・ルペンの友人でもあり、その縁で二人は出会った。彼が対外的な窓口となり、自治体と彼女との仲介役もこなしている。夫は、ブリジットの正式なスポークスマンで擁護者でもあった。ブリジットの最後の夫として、彼は与えられた使命を果たしていた。

私たちは海沿いの〈オテル・ドゥ・ラ・ポンシュ〉のテラスに座った。ここはブリジット・バルドーが三人目の夫ギュンター・ザックスと初めて一夜を共にしたホテルで、最初の夫ロジェ・ヴァディムとレモネードを飲んだ場所でもある。ヴァディムは『素直な悪女』でバルドーを一躍スターにしたけれど、このサン＝トロペの美しい宝石である彼女は、共演のジャン＝ルイ・トランティニャンと恋に落ちた。現在の夫ベルナール・ドルマルは嫉妬深い男ではない。バルドーが愛した男たちのなかで一番の有名人とはいえないけれど、彼女と最も長いあいだ連れ添っていることに満足しているようだった。彼は優雅に見えるように気を使いながらサラダを少しずつ食べていた。話題はブリジットからサン＝トロペへ、サン＝トロペの話からまたブリジットへと戻った。いまでも見知らぬ人からのお願いがたくさん来て、ブリジットはそのたびに何時間もかけて手書きで返事を書いていること、動物愛護の活動は本当に大変なこと、さらに彼女の健康状態についても話してくれた。彼の声は優しく、ブリジットのことを心から心配していることが伝わってくる。食事の最後に、私はマリアの名前を出した。私が親戚だということに彼は驚き、ブリジットが毎週日曜にマリアに電話をかけていたことや、マリアの死に彼女がどれだけ心を痛めていたかを思い出してくれた。私は思い切って、ブリジット本人からマリアの話を聞けないかと頼んでみた。ブリジットがあなたにとってどれほど大切な存在だったかわかっていたから。「誰にも会いたがらないんだ」彼の答えは変わらなかった。でも、電話なら話せるかもしれないので試してみようと電話をかけてくれた。するとブリジット・バルドーが電話に出た。彼は私のことを少し説明し、いきなり私に電話を差し出した。背後のオークル色の壁に貼られた『素直な悪女』のサイン入りポスターのバルドーがじっとこちらを見ている。電話の向こうから聞こえる声は、映画に出ていたころと変わらずざらざらとしていた。あなたの名を呼ぶ彼女の声が私の耳に遠くこだました。マリア……。バルドーはゆっくりと遠い過去に思いを馳せる。「マリアは迷子だった。捨てられた子猫のように私に拾われたの。とっても楽しい日々だったわ！」マリアには『ラストタンゴ・イン・パリ』以降は一度も会っていないことを話してくれた。数秒の沈黙があり、深く考え込んでいるようだった。そして口を開いた。「マリアは不運だったの。いや、幸運だったけれど、同時に不運だったのよ」マリアは病気になってから、しばらく音信不通だったブリジットに連絡した。ブリジットはそのことについて「当然よ。友情ってそういうものでしょ。会わなくなっても、また何事もなかったように再会するの」と言った。ブリジットはサン＝トロペを訪れるようにマリアを誘ったけれど、マリアは「こんな姿を見せたくない」と断った。ブリジットはその返事の意味を理解した。そして恒例の日曜の電話が始まる。マリアのために彼女がしてくれたすべてのことに、私はぎこちなくお礼を言った。するとブリジットは、腹を立てたようにこう答えた。「お礼なんていらないわ。当たり前のことよ」「でも誰もができることではありません」「私はみんなとは違うわ！　あなたは？　あなたはマリアのためにいったい何をしたの？」

と彼女は強い口調で言った。「そばにいようとしました」と答えながら、自分が恥ずかしくなった。死にゆく人にとって、私たちは十分にそばにいたと言えるのだろうか？

マリアは、最後の治療を終えて、二度と出ることのないホスピスに入るまでのあいだだけ自宅に帰ることが許された。いつも出かけていたあなたが、いまや人々を家に迎える側となった。Aと一緒に暮らしていたパレ・ロワイヤルのアパルトマンに私たちを呼ぶのは、まるで不安定な人生をさらけ出すかのようで、二人とも気まずそうだった。部屋は想像よりも狭く、何十年にわたる過去の思い出と、生活に必要なものが所狭しと並んでいた。あなたはもうベッドから出る体力はなかったけれど、限られた人たちを招くのを楽しみにしていた。ここに来る人はみんなシャンパンを持ってきて、不満そうなAの視線を感じながら、どんな時間でもすぐに栓を開けた。マリアは、シャンパン以外の贈り物は興味がなさそうだった。でも、サン＝トロペから何度も届いたブリジットからの細やかな心づかいに満ちた小包だけは例外だった。シャンパンはもちろん、食べ物も入っていた。ブリジットは最後までその役割をまっとうしてくれたのだ。あなたが持つことができなかった、娘を気づかう母の役割を。

私がその家を最後に訪れたとき、あなたはこれまでにないほど衰弱していた。Aの肩を借り、腰に手を回して支えてもらわないと移動もできない状態だった。簡単な動作さえもとても難しく、つらそうに見えた。体調がいきなり変化したことで、あなたは機嫌が悪く、文句ばかり言っては悪態をついていた。Aはいつもと変わらず健気に、献身的に受け止めていた。

私があなたの家に着いたのは午後の遅い時間だった。あなたは、まだコートを着たままの私に「いま、ナン・ゴールディンが来ていたの」と話し、おかげで少し元気を取り戻したようだった。ゴールディンからプレゼントされたカメラを、まるで新しいオモチャを見せびらかす子供のように自慢した。使い方は簡単だから、とゴールディンに言われ、あなたはどうしても試したくなった。私はベッドの隣に寝そべり、シャンパンをちびちびと飲みながら、あなたと他愛もないことをとりとめもなく話した。もちろん病気以外のことを。あなたはAに私たちの写真を撮るように頼んだ。彼女がカメラをうまく使えないので、あなたはいら立ち、今度は自分が写真を撮る、と起き上がった。私たちは、言うことを聞かないカメラを見ながら笑った。少し酔っ払ったポーズをしてみたり、大笑いしてみたり、結局、二〇枚ほどの写真が撮れた。こんな時間を過ごすことはこれまでもめったになかった。私はベッドを離れてあなたにキスをし、次の来客に場所を譲った。マルコ・フェレーリ監督の『最後の晩餐』に出演していたアンドレア・フェレオルがシャンパンを持って訪ねてきていたのだ。「一度に二人の訪問はダメ」とAからはきつく言われていた。

あなたがこの世を去ってからしばらく経った。昼食をとりながらの私たちの話題はあなたのことばかりだった。私はAに、あの日の写真がどうなったかを聞いてみた。パソコンにデータを移したらしく、探して送ってくれると約束してくれた。あの写真を見ることができたら、手に入れられたら、どんなに嬉しいだろう。私の知る限り、二人だけで撮った写真はほかにはないからだ。Aからはしばらく何の知らせもなかった。きっと忘れていたのだろう。彼女も悲しみに暮れた日々を送っていたので、強くは言えなかった。数カ月後、私のメールに例の写真が入ったファイルが送られてきた。ファイルを開こうといろいろな方法を試してみても、どうしても開けなかった。アプリケーションが違うらしい。それからもAと会うたびに、なんとか他の方法で写真を送れないかと頼んだ。彼女は決して「ノン」とは言わなかった。いまとても忙しくて、手順も複雑で、ファイルがどこかにいってしまったの、時間ができたら探すから、と言った。理由はわからないけれど、私はそんな日は来ないような気がした。それでも最後にもう一度だけお願いした。「一枚か二枚でもいいから、どうしてもあの写真が欲しいの。マリアとの最後の思い出だから」するど彼女は優しく言った。「でもね、どれもピンぼけだったのよ」

良いときも悪いときも、マリアを愛し、寄り添い、支えてくれた皆様に感謝いたします。

マリアについて、ほんの一言でも語ってくださった皆様に感謝を申し上げます。

ブリジット・バルドー『イニシャルはＢＢ：ブリジット・バルドー自伝』（早川書房）（一九九六年、グラッセ刊）

フィオナ・ジェラン『Si fragile（あまりにもろくて）』（二〇一六年、アーシペル刊）

フレデリック・ミッテラン『Mes regrets sont des remords（うしろめたき私の後悔）』（二〇一六年、ロベール・ラフォン刊）

エヴァ・イオネスコ『Innocence（イノセンス）』（二〇一七年、グラッセ刊）

ドキュメンタリー『Il était une fois...Le Dernier Tango à Paris（あのとき…ラストタンゴ・イン・パリ）』（二〇〇四年、フラムール製作）を撮ってくださったブリュノ・ニュイッテン、セルジュ・ジュリ、ヤン・ル・ガルに感謝を申し上げます。

フランソワ・サミュエルソンの存在がなければ、この本を完成することはできませんでした。

また、クリストフ・バタイユとオリヴィエ・ノラの厚い信頼と愛情に感謝いたします。

来る日も来る日も私に愛情を注いでくださる皆様に感謝します。

この話をとても読みたかったはずのジャン＝マルク・ロベールに深い親愛の情を込めて。

解説

「映画のセックス革命」の負の遺産

映画研究
鷲谷　花

第二次世界大戦後のアメリカ合衆国でもっとも信頼された映画評論家のひとりポーリン・ケイルは、ニューヨーク国際映画祭のクロージング作品として『ラストタンゴ・イン・パリ』が上映された一九七二年一〇月一四日は、「映画史上に残る記念日となるだろう」と、『ニューヨーカー』（七二年一〇月二〇日号）に掲載された名高い映画評に記している。ケイルにとって、この「記念日」の重要性は、セルゲイ・ディアギレフ率いるバレエ・リュスが、イゴール・ストラヴィンスキーの新曲『春の祭典』を、ヴァツラフ・ニジンスキーの振付によりパリ・シャンゼリゼ劇場で初演し、斬新すぎる音楽、衣装、振付にショックを受けた観客が騒乱を引き起こしたとされる一九一三年五月二九日に匹敵するものだった。『ラストタンゴ・イン・パリ』は、クラシック音楽史及びバレエ史における『春の祭典』同様に、画期的な手法によって強烈なエロティシズムを表現したモダンな芸術作品として絶賛された。

『ラストタンゴ・イン・パリ』の完成した一九七二年の時点では、公的な映画検閲制度のあるフランス、教区の映画館を統制するカトリック教会が実質的に映画検閲の権限を掌握していたイタリア、NGOによる映画検閲が行われてきた英国をはじめ、多くのヨーロッパ諸国の映画産業は、官もしくは民による検閲・規制を受け、とりわけ性表現に対する制約は大きかった。一方、ハリウッド映画産業では、性、犯罪、暴力等の表現の許容される範囲を厳密に定めたガイドライン「プロダクション・コード」に基づく業界内自主規制が、一九三〇年代から長らく実施されてきたが、「プロダクション・コード」は一九六〇年代には徐々に有名無実化して六八年に廃止され、観客の年齢によって鑑賞制限を設けるレイティング制へと映画規制システムが切り替わった。「プロダクション・コード」からレイティングへの移行期に、ハリウッド映画はかつてなく大きな表現の自由を獲得したはずだった。にもかかわらず、「プロダクション・コード」末期からレイティング初期に公開されたハリウッド映画の大半は、いまだに直接的なセックス描写には及び腰だった。同時代のハリウッド映画のベッドシーンでは、「事前」と「事後」を強調し、性行為それ自体の描写は省略するか、あるいはベッドの中の男女の裸の上半身の一部のみを映しながら、印象的な音楽（たとえばマイク・ニコルズ監督『卒業』〔一九六七〕のサイモン&ガーファンクルの楽曲など）を流して観客の注意を散らし、いわばフィルターをかける形で行為を表現する手法が主流を占めてきた。

したがって、『ラストタンゴ・イン・パリ』のセックス場面は、直後に興隆したハードコア・ポルノ映画のように「本番」を見せるのではなく、あくまでも疑似的な演技を見せるものだったにもかかわらず、一九七〇年代初頭においては突出して革命的だった。貸しに出ているアパルトマンの空室をそれぞれに見に来た客同士として、たまたま顔を合わせたアメリカ人のポール（マーロン・ブランド）とフランス人のジャンヌ（マリア・シュナイダー）は、部屋を借りるかどうかについてのごく短いやりとりを交わした後に、一切の前置き抜きに、唐突にセックスを開始する。同時代の映画のベッドシーンの定番だった情緒的な音楽のかわりに、ポールがジャンヌの下着を引きちぎる音と、ふたりの荒い呼吸とあえぎ声だけが響く。ふたりは窓際で立った姿勢で絡みあい、窓を背にしたジャンヌに覆いかぶさる姿勢になったポールの腰の動きと、ポールの身体に絡みつくジャンヌの両腕と両脚の動きを、カメラはつぶさに捉え続ける。やがてふたりは床に倒れこみ、ジャンヌがポールから離れて画面手前側に転がってくると、一瞬、むき出しになった下半身が見える。「事前」と「事後」ではなく、性行為そのものの始まりから終わりまでを、生々しい音響と肉体の動きとして直接的に視聴する体験は、当時の映画観客の大半にとっては空前のものだった。

『ラストタンゴ・イン・パリ』のセックスは、恋愛及び結婚のプロセスからは完全に切り離され、映画の性描写を更新した先行作品のひとつであるイングマール・ベルイマン監督『処女の泉』（一九六〇）の場合のように犯罪行為の一部でもない。セックスのみを唯一最大の内容および目的とするポールとジャンヌの関係は、従来の商業的物語映画における男女関係の通常のパターンとは一線を画していた。悪名高い「バターのシーン」で、ポールは「家族の秘密を教えてやる…

…。聖なる家族、善良な市民の教会、そこでは意志は抑圧によって打ち砕かれ、子どもは嘘をつくまで責められ、自由は圧殺される」とジャンヌに語りかけ、うつ伏せに押さえつけられて泣きじゃくるジャンヌに、家族と教会への呪いの言葉を共に唱えるよう強要する。家族の再生産に資するセックスのみを許容する既存の性制度に対する反逆行為として、「バターのシーン」のアナルセックスは実践された。

しかし、本書の記述するように、『ラストタンゴ・イン・パリ』による「セックス革命」は、出演者に多大な負担を強いながら実践された。「バターのシーン」の段取りは、監督ベルトルッチとポール役のマーロン・ブランドの間だけで取り決められ、バターを使ったアナルセックスが演じられることは、ジャンヌ役のマリア・シュナイダーには事前に知らされずに撮影が強行された。このシーンのマリア・シュナイダーの怒りと恐怖の涙と叫び声は「本物」であり、それこそが監督の求めたものだった。ポーリン・ケイルは、当時過激な性と暴力の描写を売り物にしていた「エクスプロイテーション」映画の、「機械的で物理的な刺激のみのセックス」に対し、『ラストタンゴ・イン・パリ』の「強烈な感情」に満ち満ちたセックス描写の画期性を称賛したが、その「強烈な感情」は、少なくとも部分的には、一方的なだまし討ちによって搾取されたものだった。

『ラストタンゴ・イン・パリ』は、ニューヨークでの上映時には絶賛を受けた一方、フランスでは検閲により成人指定作品となり、イタリアではカトリック教会の激しい抗議を受け、ボローニャの高等裁判所は、監督、配給業者、主演ふたりを執行猶予付き懲役刑に処し、プリントの破棄を命じる判決を下した。公開直後の紛糾と多方面からの攻撃、加えて行く先々で「バター」を引き合いに出してからかわれるという「精神的暴力」が、シュナイダーの心身に計り知れないダメージをもたらしたことは、本書でも克明に語られている。

本書の後半部分でも言及されるように、二〇一六年の秋以降、芸術家の過去の創作現場における性加害についての告発が相次ぎ、その過程で、『ラストタンゴ・イン・パリ』の「バターのシーン」が、マリア・シュナイダーの合意抜きで撮影されたことの犯罪性が、今更ながら広く認識されるに至った。二〇一七年に、ハリウッドの大物プロデューサーのハーヴェイ・ワインスタインによる性加害の被害者たちが告発を開始したことを機に、インターネット上で性被害を告発し共有する #MeToo 運動が世界的に高揚すると、過去に映画における性表現の制約を突破した革命的な成果とされてきた作品の数々が、製作現場において若く無防備な出演者に過度の負担を強い、その後のキャリアや人生に破壊的な影響を及ぼしていたことの暴露がさらに加速した。たとえば、ルキノ・ヴィスコンティ監督『ベニスに死す』（一九七一）は、男性の美に対する男性の憧憬と欲望を直接的に描き、従来の主流映画において支配的だった、「能動的に視る主体としての男性」と「受動的に視られる客体としての女性」の組み合わせを、唯一可能な性愛の関係として扱う異性愛主義を揺るがす重要なきっかけを作ったともいえる作品だが、主人公の初老の作曲家アッシェンバッハ（ダーク・ボガード）の執着する美少年タッジオを演じ、「世界一美しい少年」と称されたビョルン・アンドレセンは、二〇二一年にサンダンス映画祭で上映されたドキュメンタリー映画『世界一美しい少年』*The Most Beautiful Boy in the World*（クリスティーナ・リンドストロム／クリスチャン・ペトリ共同監督）をはじめ、近年のいくつかのインタビューで、『ベニスに死す』に出演した十五歳の当時、製作から宣伝に至るプロセスで、たえず性的客体として扱われた体験の苦痛を語っている。

アメリカ合衆国におけるラディカル・フェミニズムの草創期の指導者のひとりシュラミス・ファイアストーンは、ニューヨークでの『ラストタンゴ・イン・パリ』プレミア上映の二年前の一九七〇年十月に刊行された著書『性の弁証法』で、生殖器の形状によって搾取する側とされる側が階層化される「性の階級制」の問題を存置したまま、「セックスの解放」だけが進められたとしても、家父長制のもとでの女性と子どもに対する性的な抑圧と搾取は解決されず、かえって苛酷化すると警告した。一九七〇年代の映画における「セックス革命」の最大の成果のひとつとされる作品に出演したことで、一方的に負わされたダメージと戦い続けなければならなかった女性の痛ましいサヴァイヴァルを綴る本書は、ファイアストーンの予見には鋭敏な洞察が含まれていたことを、半世紀近い歳月を経て示唆したともいえる。

二〇二一年三月

あなたの名《な》はマリア・シュナイダー
「悲劇の女優」の素顔

2021年4月20日　初版印刷
2021年4月25日　初版発行

*

著　者　ヴァネッサ・シュナイダー
訳　者　星加久実《ほしかくみ》
発行者　早川　浩

*

印刷所　中央精版印刷株式会社
製本所　中央精版印刷株式会社

*

発行所　株式会社　早川書房
東京都千代田区神田多町2−2
電話　03-3252-3111
振替　00160-3-47799
https://www.hayakawa-online.co.jp
定価はカバーに表示してあります
ISBN978-4-15-210017-7　C0074
Printed and bound in Japan
乱丁・落丁本は小社制作部宛お送り下さい。
送料小社負担にてお取りかえいたします。